ARASHI
FINAL STAGE

ファイナルステージ

—5×嵐—
Arashi

矢吹たかを

太陽出版

プロローグ

去る9月10日、日本テレビはオンライン上で異例の〝2020年10月期番組改編説明会〟を行った。

もちろん新型コロナ禍の影響でオンライン説明会にせざるを得なかったのだろうが、最も注目されたのは10月スタートの新番組ではなく、今年いっぱいで活動を休止する嵐の冠番組『嵐にしやがれ』の行く末であったと言っても過言ではない。


「予想されたこととはいえ、〝年内終了予定〟を正式発表しました。2010年4月スタートの番組で内容のリニューアルや放送時間の繰り上げを経て10年に渡って放送されてきましたが、活動休止と共に幕を下ろすことに。〝フィナーレに向けて最大限に盛り上げ、12月の最終回はスペシャルな内容にするべく準備中〟とのコメントも付け加えられました」（テレビ情報誌記者）

また日本テレビといえば、相葉雅紀がレギュラー出演していた『天才！志村どうぶつ園』は、『I LOVE みんなのどうぶつ園』としてリニューアル。

皆さんご存じの通り、相葉がメインMCに昇格した。

「フジテレビの『VS嵐』も同様に終了が発表され、グループとしての嵐は本当にいなくなってしまうのか……と、そろそろ覚悟を決めなければなりませんね」(同テレビ情報誌記者)

そう、今の今まで「ひょっとしたら……」と抱いていた淡い希望が、グループとしてのレギュラー番組の終了によって潰えてしまう。

何とも皮肉な結末だが、さらに広告業界も〝嵐のフィナーレ〟を飾る企画をスタート。

すでに皆さんも参加されているかもしれないが、9月14日から始まった嵐と賛同企業13社による共同プロジェクト『HELLO NEW DREAM. PROJECT』がそれだ。

「未来が見えにくい時代だからこそ、〝夢を持つことを応援したい〟という想いで集結した、嵐と賛同企業13社。デビュー曲『A・RA・SHI』のフレーズ〝夢だけ持ったっていいでしょ?〟をキーメッセージとして、様々な企画を実施、展開させていくビッグプロジェクトです」(大手広告代理店関係者)

プロジェクトメンバーとなる賛同企業は、これまでにメンバーがCM出演するなど縁の深い日立グローバルライフソリューションズ、日本郵便、アサヒ飲料、ジェーシービー、日清オイリオグループ、久光製薬、ライオン、森永製菓、エバラ食品工業、アサヒビール、第一三共ヘルスケア、コーセーコスメポート、花王の13社。

日本の芸能界、マスコミ史上、わずか1組のタレントのために業種の垣根を飛び越えてこれだけの一流企業が集まるなど、考えられない〝偉業〟に違いない。

それだけ嵐というグループ、5人のメンバーが及ぼす影響力は計り知れないということ。

「中高年の皆さんにはなかなか取っつき難い企画もあり、詳しくは公式サイトや公式Twitterで理解して頂くしかありませんが、見た目にもわかりやすいのは『HELLO NEW DREAM.PROJECT特別ラッピング商品』ですね。各賛同企業の商品を『A・RA・SHI』の歌詞を抜粋しデザインした特別ラッピングに変更しています。その他、SHIBUYA109の外壁広告や朝日新聞、読売新聞などの新聞広告も展開しました」（同大手広告代理店関係者）

そしてメンバーからは、こんな公式メッセージも発せられた——。

『僕たち嵐と13の企業のみなさんが一緒になって、新しいプロジェクトをスタートすることになりました。

その名も、夢だけ持ったっていいでしょ?『HELLO NEW DREAM. PROJECT』!

プロジェクトの目標はシンプルです。

未来が見えにくい今だからこそ、夢を見る人、夢を持つことを応援したい。

夢を持つことは、いつだって自由です。

日本中のみなさんと、夢について考えるきっかけをつくっていきます。

将来の夢を聞かれると、ついつい職業で答えがちですよね。

でも、夢ってもっと自由でいいはずなんです。

歳を重ねてから夢を増やしてもいいし、一つ夢が叶ったらまた新しい夢を持ったっていい。

嵐の場合は「世界中に嵐を巻き起こす!」という夢を持ち続けています。

夢だけ持ったっていいでしょ? という言葉は、
21年間なにがあっても、前に進む背中を押し続けてくれた言葉でもあります。

このプロジェクトが、自分の夢を思い返したり、
新しい夢を持ち、前へ踏み出す一歩になると嬉しいです。

みなさん、ぜひ参加してください』

このメッセージは嵐の5人からファンに向けた、まさに〝惜別のメッセージ〟でもある。

『これからもファンの皆さんに〝前を向いてもらう〟ためにも、それぞれの夢を追いかけて欲しい』

――と。

そんな嵐からの問いかけに、皆さんはどんな答えを出すのだろうか。

今回、本書は皆さんが出す答えの〝お手伝い〟が出来るように、メンバーの今、そして未来に関するエピソードをご紹介したいと思う――。

ARASHI
5×嵐
Final Stage

目次

ARASHI

5×嵐

Final Stage

1st Chapter

大野智

Satoshi Ohno

ARASHI FINAL STAGE

大野智〝リーダー〟としての矜持

1980年11月26日生まれ、活動休止直前に40才の誕生日を迎える大野智。

『俺がJr.に入った頃、40才の先輩なんて一人もいなかったんだよね。
確か東山さんも30才になってなくて、それでも中学生の俺から見たら、めちゃめちゃ年上でさ。
あの頃を振り返ると、40才の自分がジャニーズ事務所でアイドルをしているのは、
奇跡としか思えないよ(笑)』

大野がジャニーズ事務所に入所した1994年10月当時、1966年9月30日生まれの東山紀之は28才になったばかりだった。

今更ながら大野が実感するように、確かにかつては40才のアイドルは存在しなかった。

「〝アイドル〟という言葉は和製英語だと思われがちですが、エルヴィス・プレスリーやビートルズでさえデビュー当時は〝アイドル〟と呼ばれていて、アメリカやイギリスのロックスターも熱狂的なファンを持つことで〝アイドル〟のカテゴリーに入っていた。そこから日本にスターの呼称として輸入されたのです」

話してくれるのは、昭和の時代から人気音楽番組には欠かせない存在だった大御所放送作家氏だ。

「日本の男性アイドル史はジャニーズ事務所と共にあるのは間違いありませんが、1972年に当時ジャニーズ事務所所属の郷ひろみがデビューし、西城秀樹、野口五郎と〝新御三家〟と呼ばれるようになった頃、まさにそれが今に繋がる正統派男性アイドルのルーツでしょう」（大御所放送作家氏）

実際にテレビのど真ん中で活躍する彼から見て、アイドルとは「10代から20代半ばまでの活動で使い捨られる。それ以降は大人の歌手やタレント、俳優に転身するしか芸能界に生き残れないものだった」と断言する。

「ジャニーズのアイドルグループも例外ではなく、昭和から平成にかけて、シブがき隊、光GENJI、男闘呼組などメンバーが30才になる前に解散するのが当たり前でした。その壁を最初に破り、30代でもトップアイドルとして君臨したのが少年隊。そして40代の壁を最初に破ったトップアイドルはSMAPでした」（同大御所放送作家氏）

大野は今、日本のアイドル史でほんのひと握りの先輩たちだけが到達した〝40才のトップアイドル〟に君臨しようとしている。


『てか40才になってから残る今年の日数、1ヶ月ちょっとしかないからね。

40才の壁を破った実感みたいなものはまったくない（苦笑）。

でもアイドルにとっての年令というより、俺自身の〝年令の壁〟には、
ここ2〜3年ずっと挑み続けている。

そりゃあ10代の頃の体力には及ばないけど、体力が落ちるカーブは出来るだけ緩やかに。

みんな知らないと思うけど、これでもジムに行ったり走ったりしてるんだから』

――そう明かす大野。


そう、トップアイドルである以上、そのパフォーマンスのクオリティを下げることは許されない。

実はアイドルにとっての〝30代、40代の壁〟の裏側には、「いつまで体力を維持することが出来るのか？」というテーマが隠されていたのだ。

『去年の〝5×20ツアー〟とか、
みんな楽屋に戻った途端に「疲れた」としか言わなかったんだよね。
昔はそれこそ「イエーイ」みたいな感じで興奮して、まだまだ体力があり余っていたのに。
それを見ると、すげえ寂しくなる』

外から見たら決してそんな風には見えないかもしれないけれど、実際に自分よりも年下のメンバーたちが疲労困憊する姿に、大野智はこんな本音を明かす――。

『だから俺はライブで誰よりも踊る。
キレッキレで踊る。
俺のその姿を一番近くで見て、メンバーたちがどう思うか。
「リーダーは踊ることが好きだから」ではなく、
「年上のリーダーに踊りで負けるわけにはいかない」――と思ってくれるか。
みんなだってすぐに40才になるんだからさ』

大野は言う――

『楽屋に戻っても「疲れた」なんて口にしない』

――それが大野智の〝プライド〟。
まさにこれこそが、メンバーを〝背中で引っ張る〟ということだろう。
一部メンバーからは――

『口には出さないだけで、
楽屋に戻って椅子に座っている姿は、
〝疲れて道端にしゃがみ込むオジイチャン〟にしか見えない（笑）』

――とのチクリもあるが（笑）、やせ我慢だろうと何だろうと、年下のメンバーに〝まだまだ体力では負けない〟姿を見せようとするのは誇らしい。

「かつてはパフォーマンス以外にも〝スポーツが出来て当たり前〟がアイドルの条件だった時代がありました。1970年代から1990年代の初め頃まで、年に1回の運動会、水泳大会がテレビで中継され、アイドルたちはその運動能力、スポーツ万能ぶりをファンにアピールする必要があったのです。当然、先輩は後輩には負けられないし、後輩は先輩を追い抜こうとする。少年隊のヒガシとシブがき隊のヤックン（薬丸裕英）がガチで戦うお約束の（リレー）アンカー勝負は、運動会史上に残る名場面。番組が終わってもスポーツ好き、野球好きのジャニーさんはジャニーズ運動会、野球大会へとそのエッセンスを引き継いだのです。大野くんの根底には、どこかジャニーさんに通じるものを感じます」（前出大御所放送作家氏）

たとえ、やせ我慢だろうと何だろうと――

『楽屋に戻っても「疲れた」なんて口にしない』

――それが大野智の〝リーダー〟としての矜持。

そしてその姿勢が、嵐をここまで引っ張ってきたのだ。

大野に表れ始めた〝ある変化〟

嵐の活動休止が目前に迫った今日この頃、大野智には〝ある変化〟が明確に表れているという。
それがジャニーズ事務所の後輩との関係だ。
「同期で親友の町田慎吾くん（元Musical Academy）が5年前に退所して以降、メンバーを除いて大野くんがプライベートで交流する相手といえば、NEWSの加藤シゲアキくんぐらいしかいませんでした。〝大野くん好き〟で知られるHey! Say! JUMPの知念侑李くんでさえ、2人で待ち合わせて食事をしたのも1回きりといわれるほど。大野くん曰く『〝ジャニーズの俺〟と〝プライベートの俺〟は別物』――と、ずっと強固な線引きを維持してきたのです」（人気放送作家氏）
その大野に表れた〝明確な変化〟とは……ほんの数ヵ月前から始まった、Kis-My-Ft2の二階堂高嗣との急接近だった。

「二階堂くんも小4でジャニーズJr.に入り、間もなく丸20年のキャリアを誇ります。もちろんバックダンサーの一人として嵐に付いたこともあるのに、実はいまだに〝大野くん〟ではなく〝大野さん〟と呼んでいるほど、微妙な距離感がある。それを思えば連絡先を交換し、近いうちに〝キャンプに行く〟約束を交わせる関係になったのは、まさに奇跡と言うしかありません」

テレビ朝日『10万円でできるかな』制作ディレクター氏は、二階堂が番組で共演するサンドウィッチマンに――

『マジにヤバいです!
大野さんと2人でキャンプに行くなんて‼
夜、何を語り合えばいいんですかね⁉』

――と、興奮して話している様子を目撃したという。

「この夏、某音楽祭のリハーサルで嵐と一緒になった際、二階堂くんが大野くんに『YouTubeのキャンプ動画見ました!』と声をかけると、大野くんから『キャンプやるの?』と尋ねられたそうです。それで『道具は揃えたけど行けてはないです』と答えると、『一緒に行こうよ!』――と笑顔で誘われ、電話番号を交換したのだと大喜びでした」(『10万円でできるかな』制作ディレクター氏)

ちなみにその動画は、大野が『嵐にしやがれ』でヒロシさんからソロキャンプのやり方を学ぶ企画。

番組スタッフや冒頭のコメントをくれた人気放送作家氏などによると、大野本人も――

『あれ、すごく評判いいんだよね。
みんなに言われる』

――と、かなりの手応えを感じる企画だったらしい。

「大野くんの性格を知らないサンドウィッチマンは、興奮する二階堂くんを見て『ジャニーズ同士で何がそんなに嬉しいの?』――と、キョトンとしているだけでした。そんなサンドの2人に二階堂くんが『だって大野さんとちゃんと話したの、初めてぐらいだったんですよ!』――と説明すると、さすがに『初めて話してキャンプ行くのかよ』――と驚いていましたけどね」(同制作ディレクター氏)

……というか、いくら後輩でも、初めて話した相手だとすれば、もしや大野の社交辞令？

『そんなんじゃないよ！

来年になったらたくさん時間も作れるし、一緒に趣味を楽しめそうな仲間を集めておきたいじゃん。

今のところシゲちゃんぐらいしか俺につき合ってくれる後輩いないし、

二階堂くんがキャンプ道具まで持ってると聞いたら、その〝ヤル気〟は評価してあげたいからね。

自分でもシゲ以外の後輩と一緒に〝何かをする〟気になるとは思ってなかったけど、

「嵐が活動を休止する間、

頑張ってジャニーズ事務所を盛り立ててくれる後輩たちと繋がっていたい」

――そんな気持ちがジワジワと湧いてきたみたい』

――自らの気持ちをそう明かす大野。

しかし二階堂には、致命的なウィークポイントがあるという。

「以前、二階堂くんは大ファンの松本人志さんに対し、プライベートで大失態を犯しているんです。緊張しすぎるとパニックに陥る性格なので、大野くんとキャンプで一夜を明かすなんて、超大失態の舞台が整うとしか思えません（苦笑）」（前出制作ディレクター氏）

その日、中居正広から食事に誘われた二階堂が指定された店に着くと、そこには中居一人ではなく、ダウンタウン・松本人志の姿もあった。

二階堂はかねてから松本の大ファンで、番組で松本がフリップに左利きで文字を書く姿を見て、自分も「左利きになろう！」と決心したほど、まさに芸能界で最も崇拝する相手。

その松本を前に、頭の中が真っ白になりながらも「（何か喋らなきゃならない）」とパニックになった二階堂は何と――

『**松本さんは昔はツッコミでしたよね？**』

――と、まったく見当違いの言葉を発してしまったのだ。

「言うまでもなく松本さんは、デビュー当時からずっと〝ボケ〟。それを真逆の〝ツッコミ〟と言ってしまい、一瞬にして険悪な空気に。松本さんは中居くんに『何やのこの子』と吐き捨て、それからはひと言も口をきいてもらえなかったそうです（苦笑）」（同氏）

それまでさんざん「ダウンタウンさんめっちゃ好きで」「松本さんは神様です」とアピールしていたのも水の泡。もちろん後に笑い話になったというが……。

果たして大野とのキャンプではどんな言葉が飛び出すのか？

そしてそれ以前に、本当に大野と二階堂が2人きりでキャンプに行く日が来るのか？

今は何よりも大野の言葉にあった――

『嵐が活動を休止する間、
頑張ってジャニーズ事務所を盛り立ててくれる後輩たちと繋がっていたい』

――この大野の気持ちを大切にして欲しい。

活動休止中に実現したい〝夢〟

嵐が活動休止を発表し、その記者会見が行われた2019年1月27日。

当時、活動休止に至るまでの過程で――


『すべては自分が言い出したこと』


――と責任を被った大野智だったが、マスコミは活動休止後の大野について、

「沖縄本島に移住するらしい」

「宮古島で土地を探している」

「バリ島で静かに暮らしたいと願っているそうだ」

――など、様々な憶測や作り話を飛ばしまくっていた。

「言われてみれば、今年に入ってからはそんな話はまったく聞こえなくなりましたね。しかもあの当時と今では、大野くんが〝移住する〟根拠がかなり違っている。何せ〝海から山へ〟浮気しているのですから」

先ほどのエピソードでもお話ししているが、『嵐にしやがれ』でヒロシから〝ソロキャンプの楽しみ〟を教わって以来、ドップリとハマっている大野。

友人かつ釣り仲間の加藤シゲアキに言わせると――

『オフの過ごし方が、今は〝キャンプ7、釣り3〟ぐらいの割合』

――になっているらしい。

「実は加藤くんと小山慶一郎くんの『NEWSな2人』では8月から〝コヤシゲ山を買う〟という企画をスタートさせています。すでに条件に合った山林を内見ならぬ外見してますが、大野くんは加藤くんに『**次のロケいつ？ もう決めたんだよね？**』――など、しつこくネタバレを要求。そんな大野くんの様子から加藤くんは『**間違いなく山を買うつもり。しかも俺らみたいに区画単位じゃなく、最低でもひと山の半分は買いそう**』――と感じているとか」

大野智と加藤シゲアキ、2人と交流がある有名放送作家氏は、

「だからもう離島には移住しないでしょ。仮に沖縄本島でソロキャンプが出来そうな土地があっても、まずハブが出てくるから」

——と笑った。

「『ヒロシのYouTubeをずっと見てる』——って、大野くんに聞いた時から、いずれは〝こうなるかも?〟の予感はありましたね。でも最初は〝焚き火会〟に入会して、しばらくはヒロシの山を借りるかと思ってました」（有名放送作家氏）

ソロキャンプ道を極め、自身の〝山〟を購入したヒロシ。

先の〝コヤシゲ山を買う〟と同じく区画買いだが、それでもおよそ千坪、3,000㎡の広さだという。

「ヒロシは子供の頃からキャンプ好きで、ところが大人になると〝グループキャンプ〟に煩わしさを感じるようになり、自然とソロキャンプの道へ。ところがソロキャンプサークルの焚き火会を作り、YouTube動画も知られるようになると、どこに行っても〝ソロキャンプなのに周囲に野次馬が集まってくる〟ことがストレスで、去年、とうとう山を買うことになったんです」（同有名放送作家氏）

〝関東近郊〟とだけ明かされているヒロシの山。

場所や値段も明らかにはされていないが、放送作家氏によると「値段は100万円から150万円の間」らしく、さらに「ヒロシの焚き火会メンバー、バイきんぐの西村（瑞樹）がテレビの企画で買った山が、群馬県草津町にある455坪の杉林。温泉が近く、それでも値段は104万ちょっと」とのこと。

だとすれば大野クラスならば予算は軽く10倍以上、半山（？）は間違いなくイケるだろう。

『ハッキリ言って、まったく考えていないわけじゃないよ。

もしそうなったら窯を構えて、焼き物にも挑戦したいしね。

ヒロシさんには――

「大野くんのプライバシーを守るには、ガチのソロキャンパーが最終的に目指す長野県しかない」

――って勧められた。

あと、窯を動かすと煙が出るから、焚き火も含めて、

「火を起こす時は近所の人が火事と間違えないように挨拶回りをする。消防に連絡を入れておく」

――とか、ソロキャンパーのルールも教えてもらった』

――ヒロシから伝授された〝ソロキャンパーの心得〟について話す大野。

しかし世俗から離れるために山に籠るのに、周辺住民に対する気配りを含め、結局は〝人づき合い〟からは逃れられないのか。


『いや、俺は別に活動休止中に仙人みたいな生活をしたいわけじゃないし、山村のつき合いは意外にシンプルなんじゃないかな？……って思うしね。

本気で山を買う時は、周辺の環境もしっかりと調べなきゃならない。

あと、出来れば渓流が近くにあるとサイコー。

自分の釣った魚をソロキャンプで頂く。

俺にとっては至高の毎日じゃね（笑）』

それが活動休止中に実現したい大野智の〝夢〟。

どうせならひと山すべてを購入し、大野の夢が詰まった理想郷を作ってみてはどうだろう。

そしてじっくり英気を養って、再び〝嵐再開〟へ向けて始動して欲しい――。

アーティスト大野がハマった〝意外な世界〟

プライベートではダチョウ倶楽部の上島竜兵と年の離れた友人関係ではあるものの、いわゆるお笑いのトレンドには――

『縁がないというか、あまり興味がない』

――と言う大野智。

『VS嵐』や『嵐にしやがれ』スタッフから「次回のゲストは大人気のお笑い芸人さんです」と聞かされると、名前を知らない芸人の場合は――

『俺もネタ見ておいたほうがいい?』

──と尋ね、スタッフが「ぜひお願いします」と返してきた芸人に限り、

『じゃあYouTubeで見とこうかな』

──の気分になるという。

『別にお笑いが好きじゃないわけではないんだけど、
俺がそのゲストと組んで（番組内で）ネタをすることはないし、
芸人さんは自分がボケたいかツッコミたいかだから、
詳しくネタを知っていても意味がないんですよ。
それよりも本番で芸人さんが本領を発揮できる展開に持っていく。
そのあたり、翔ちゃんや松潤が上手くやってくれるから大丈夫』

──と、あくまでも冷静に分析する大野。
言ってみれば、結局は他人任せってことか（笑）。

しかし、たまたまつけたテレビでお笑い番組を放送していたら——

『面白そうだったら、そのまま見るよ』

——とは言う。

要するにM-1グランプリやR-1グランプリ、キングオブコントなど有名なタイトル番組の放送日を調べ、バッチリと予約して待機するほどのお笑い好きではないだけの話なのだ。

『だから最初、次のゲストが〝すゑひろがりず〟って聞いた時、「変な名前だな〜」ぐらいしか思わなかったんだよね（笑）。
実際見てみたら、ガチに大好き！
なぜか不思議だけど、日本人としての創作意欲まで掻き立てられた感じ。
来年（2021年）になったら俺、能や狂言を習いに行ってたりして』

この7月に『嵐にしやがれ』に出演、大野の前で『A・RA・SHI』のサビ部分を伝統芸能風にアレンジしたすゑひろがりずに、かなりハマっている様子だ。

2019年のM-1グランプリでは決勝に進出し、残念ながら出場10組中8位の成績でファーストラウンド敗退したすゑひろがりず。この時の優勝はミルクボーイ、2位ぺこぱ、3位かまいたちだったが、上位3組の活躍ぶりを見ると、やはり大きな影響力を持つコンテンツであることが一目瞭然。

「すゑひろがりずは準決勝までの評判も高く、本番前までは優勝候補の一角に挙げられていました。大野くんが彼らの〝伝統芸能風『A.RA.SHI』〟を見て一発で気に入ったのも、そのアイデアはもちろんのこと、彼らの芸がしっかりしていたから。実力からすれば当然かもしれませんね。とはいえ**『日本人としての創作意欲まで掻き立てられた感じ。来年になったら俺、能や狂言を習いに行ってたりして』**——とまで、大野くんに影響を与えるとは思いませんでした」

日本テレビ『嵐にしやがれ』制作スタッフ氏はそう言って驚く。

伝統芸能風の漫才で、合コンの〝王様ゲーム〟を〝関白遊び〟と呼び替えるなど、そのワードセンスが鋭いすゑひろがりず。

今の悩みは「2人の名前(南條庄助と三島達矢)を世間が覚えてくれない」ことらしいが、大野はバッチリと覚えてくれたに違いない。

「いや、大野くんはそれぞれの名前どころか、すゑひろがりずを〝すゑひろがりーず〟なんて呼び間違えていたので、かなり微妙だと思いますよ(苦笑)。でも自ら『来年になったら俺、能や狂言を習いに行ってたりして』と話していただけじゃなく、『メンバーがみんな50才ぐらいになったら一緒に習いたい』――とまで話していましたから相当なハマりようですね」(『嵐にしやがれ』制作スタッフ氏)

番組では、すゑひろがりずのネタを――

『メンバーにも見せたいなぁ』

『年を取っても出来るやつ（ネタ）だね』

――と、話していた大野。

実はその先まで見通していたのだろう。

『変な話だけど嵐には共通の趣味がなくて、
それはそれでグループの人間関係を複雑にしなかったんだけど、
逆に50才ぐらいになったら共通の趣味があったほうが集まりやすいというか、そういうもの。
また嵐に戻っていたとしても今のクオリティのダンスは出来ないし、
だったら50才でも最高のパフォーマンスが出来そうな能や狂言――
むしろ50才でも若手扱いされそうな、日本の伝統芸能の世界を覗いてみたい。
どんな刺激をもらえるか、今からドキドキだよ』

それにしても〝本物〟の伝統芸能を観劇したからではなく、まさかするぴろがりずに触発されるとは……。

さて、大野智は活動休止期間中に能や狂言を本当に習いに行き、日本の伝統芸能の世界を体感するのだろうか。

もしそうだとすれば、〝アーティスト大野智〟の今後にも大きな影響を与えるかもしれない――。

プライベートで醸し出す〝やべえヤツ〟オーラ

「実は平日の朝、麻布十番の商店街を歩く大野くんの姿を見つけたんですよ。〝何でこんな時間に？ それも麻布十番で？〟……と、不思議に思いましたね。歩いていく方向にはテレビ朝日があっても、彼はテレ朝にレギュラーはない。それにまだ『羽鳥慎一モーニングショー』とかの時間帯でしたから。まさかこのご時世、朝まで酒を飲んでたわけじゃないだろうし。声をかけていれば、そんな疑問は一発で解決してましたけど……」

嵐はもちろん、ジャニーズ関連の人気番組を何本も手掛ける、麻布十番在住の人気放送作家氏。

大野智とも当然のように顔見知りであり、連絡先こそ交換していないものの、コロナ禍の前までは、よくスタジオ前室で、釣りの話をしていた関係。声をかければ大野も気づき、その場で二言三言、立ち止まって会話をしていたに違いない。

しかし彼は「どうしても声が出なかった」そうだ。

「だって、めちゃめちゃ怖いんですよ。黒のキャップに眼鏡とマスク。Tシャツとジーンズというラフな格好でしたが、黒縁眼鏡の奥に光る鋭い眼光が、無言で〝お前らソーシャルディスタンスに入ってきたらぶん殴る〟みたいなオーラを出しまくっていて。しかも競歩レベルのスピードで歩いているから、どう見たってこれから仕事に行く〝ヒットマン〟にしか見えませんでした（苦笑）」（人気放送作家氏）

その時間帯に麻布十番商店街を歩いていた人は、多くが大野とは逆方向に歩いていたという。

それだけに「間違いなく何人かは、正面から大野くんが歩いてくることに気づいていた」らしい。

するとその1週間後、彼はフジテレビの湾岸スタジオで偶然に大野と出くわすと、大野のほうから――

『いっつもあんなに朝早くから仕事に行くんですか？』

――と声をかけられたのだ。

「ビックリしました。〝えっ！ 麻布十番で!?〟〝そうそう〟……みたいな会話になり、大野くんが『声かけてよ』と言うので、皮肉混じりに〝あんな怖い顔して歩いていて、声をかけろはないでしょ〟と返したんです」（同人気放送作家氏）

大野は――

『だって普通、ギョーカイの人が歩いてる時間じゃないんだもん』

――と、言い訳になっていない言い訳をして、

『（自分は）展覧会の下見に遅れそうだったから』

――と、明かしたそうだ。

「その1ヶ月とか後に六本木ヒルズで展覧会(『FREESTYLE 2020 大野智 作品展』)をするので、最終的にどんなレイアウトにするのか、そんな打ち合わせだったようです。まあ遅刻しそうで焦っていたなら、あの怖い顔も頷けます。というか、普通に車で行けばいいのに」(同氏)

しかし大野、人気放送作家氏が言う「黒縁眼鏡の奥に光る鋭い眼光が、無言で〝お前らソーシャルディスタンスに入ってきたらぶん殴る〟みたいなオーラを出しまくっていた」「競歩レベルのスピードで歩いているから、どう見たってこれから仕事に行く〝ヒットマン〟」については――

『バレちゃってる』

――と言って笑う。

『すごく急いでる時とか、〝ここでは顔バレしたくない〟時は、
ぶっちゃけそういう顔を作って歩いてる。
実際、普段は大して顔バレしないくせに、
バレたくない時に限ってバレるのが〝ジャニーズあるある〟だからね（笑）。
でも今は、むしろマスクがあるから隠すのは楽。
帽子とたまに眼鏡をかければ、ほとんどバレないもん。
それに俺は〝近寄るな〟オーラではなく、〝やべえヤツ〟オーラを出してるつもり。
〝近寄るな〟ってエラそうだから俺は嫌。
〝やべえヤツ〟と思われたら自然に避けてくれる。
そのほうがトラブルも起きにくいんじゃないかな』

――そう明かした大野。

さらに大野は――

『バレたくないのは面倒くさいとか騒ぎになるからじゃなく、ファンの子が俺に会ってパニックになったら、車道に飛び出して車にひかれるかもしれない。そういう不測の出来事に対応することが出来ないからね』

――と、本当の理由も明かしてくれた。

実は大野の〝やべえヤツ〟オーラは決して自分のためではなく、あくまでも〝ファン本位の考え方〟。どこまでも優しい男、それが大野智なのだ――。

「嵐は〝ワンチーム〟」――大野智にとっての〝嵐〟

大野智が――

『俺は休業するから、今なら話しておいてもいいかな』

――と明かすのは、彼の意外な芸能界〝交遊術〟だ。

話してくれたのは、日本テレビ『嵐にしやがれ』制作スタッフ氏。

「実は以前、番組にゲストで来てくれた俳優の吉沢亮くんが、メンバーに〝人見知りで現場に溶け込めない〟悩みを相談したところ、大野くんが『(自分は)人見知りじゃない』――と、アドバイスを買って出るシーンがあったんです」(『嵐にしやがれ』制作スタッフ氏)

個人で出演するドラマや映画の現場では、嵐のレギュラー番組の時と違い――

『自分から周りに積極的に話しかける』

――と、宣言する大野。

そのためには――

『（共演者について）ちゃんとWikipediaとか調べてる』

『話すきっかけになるネタを探す』

――などと、事前の準備を怠らないという。

「Wikipediaにはエピソードが載っていることがありますが、大野くんは共演者の出身地や経歴、子供の頃はどんな少年少女だったのかも調べられるだけ調べてから、撮影に臨むとのことです。吉沢くんには『そうすれば人見知りなんて怖くない』――とアドバイスをした大野くんでしたが、20年以上もつき合いがある嵐のメンバーでさえ、一様に『知らなかった』『聞いてないよ』――と驚いていましたね」（同制作スタッフ氏）

松本潤は――

『何でそれを嵐の番組でやってくれないの？』

――と、明らかに不満そうな口振りだったらしい。

しかし大野に言わせると――

『だってみんなが前に出るから、邪魔しちゃいけない空気じゃん』

――と、バランスを取っていたそうだ。

「僕も舞台裏で見る大野くんを極端に人見知りだと思ったことはありませんが、確かにいつも一歩引いているのは間違いありませんからね。印象は明らかに〝人見知り〟寄りでした」（同氏）

そんな大野が自分の〝人見知り〟なイメージを利用し、見事に芸能界を浮遊していたとは……。

『自分にそういうイメージがないのは自覚してるけど、別にあえて否定するつもりはなかった。

逆に芸能界って、〝人見知り〟とか〝取っつきにくい〟と思われてるほうが有利な部分あるからね。

人見知りと思われてるタレントから笑顔で話しかけられて、

しかも「次はこんな作品に出られるんですね」……みたいな会話になったら、

一気に評価が変わるじゃん？

別に狙ってるわけじゃないけどさ（笑）』

――そう話す大野。

「大野くんはプライベートで仲良くなるためじゃなく、現場を上手く回すために、最低限知っておきたい〝情報〟をあらかじめ用意して、それを小出しにしながら共通点を探るやり方が『一番やりやすい』――と感じているようですね」（前出制作スタッフ氏）

それに対して当の大野自身はこう説明する――

『役者さんに対する興味や好奇心というか、
〝どんな人柄や性格の人が、どう演じるの？〟――みたいな。
共演する皆さんのことを知れば知るほど、自分も役に入り込める。
中には「お互いにプロなんだから、演出家の指示通りに演じるだけでいい」
――という役者さんもいるけど、
俺は自分が嵐というグループで結果を残してきた人間だから、
〝ワンチーム〟になることで個々の実力以上の結果を出せることを知っている。
そういう現場にしたくて、探り探りやってる部分が大きい』

――これは今までに大野が明かさなかった〝役者としてのスタンス〟。

『俺は自分が嵐というグループで結果を残してきた人間だから、
〝ワンチーム〟になることで個々の実力以上の結果を出せることを知っている』

――初めて明かした大野の本心。

『嵐は〝ワンチーム〟』

この言葉には、大野にとって嵐がいかに〝大切なチーム〟であるのか、そんな大野の〝嵐への想い〟が詰まっている。

そして、その大野の想いは、嵐が活動休止したからといっても決して変わることはない。

たとえどんな状況になろうと、5人は固い絆で結ばれた〝嵐〟というワンチームなのだから――。

2nd Chapter

櫻井翔

Sho Sakurai

ARASHI
FINAL STAGE

櫻井翔、そして嵐にとっての〝お兄ちゃん〟

9月10日から10月1日までの4週に渡ってオンエアされた、TBS『櫻井・有吉THE夜会』の〝夜会フェス〟。

その第2夜(2週目)に、俳優の神木隆之介と共にゲスト出演したのが、V6のリーダー・坂本昌行だった。

「1993年生まれで27才の神木くんは、自他共に認める親友の山田涼介くんをはじめ、中島裕翔くん、知念侑李くんなどと堀越高校の同級生。一方の坂本くんは1971年生まれの49才で、お父さんと言っても計算が合う年齢差です。そんな2人が同じ日のゲストに呼ばれたのは、共に1995年デビューの〝同期〟だから。ちなみに1995年10月22日にジャニーズJr.入りした櫻井翔くんも、無理矢理〝同期〟の括りに入れようと思えば入れられますが、そうなると坂本くんとの関係がおかしくなるので、櫻井くんと神木くんは『家族ゲーム』の家庭教師と教え子関係に留めておきます」

『櫻井・有吉THE夜会』制作スタッフ氏は、

「坂本くん、それに長野くんがゲストに来た時の櫻井くんは、実は舞台裏では結構な〝甘えん坊〟になるんですよ」

――と言って笑う。

「長野くんは1986年4月に入所、坂本くんは1988年1月に入所。あの木村拓哉くんが1987年11月入所ですから、長野くんは1年7ヶ月も先輩で、坂本くんは2ヶ月だけ後輩のジャニーズの大ベテラン。V6はデビューこそ1995年ですが、櫻井くんから見ると〝嵐の4年先輩〟以上の隔たりがあり、いつまで経っても坂本くんと長野くんは〝頼れて甘えられるお兄ちゃん〟。それは嵐のメンバー全員も同じ感覚で接していると思います」（『櫻井・有吉THE夜会』制作スタッフ氏）

1994年10月16日に入所した大野智、1996年5月17日に入所した松本潤、同じく1996年6月19日に入所した二宮和也と、8月15日に入所した相葉雅紀。

5人はJr.時代、まずはV6のバックに付いて芸能界の常識や規律、そしてルールを学んだ。

「1999年にはバレーボールW杯のスペシャルサポーター第2弾として嵐がデビュー。前回大会、1995年のW杯でデビューしたV6の直系の後輩となり、坂本くんはW杯中継で嵐をフォローする付添人として全国を回り、どの先輩たちよりも面倒を見てくれたそうです。まだデビューしてホヤホヤの彼らにしてみれば、ずっとバックに付いて踊っていた先輩が側にいてくれることが、どれほど心強かったか。そんな関係性を含め、今でも『**坂本くんの顔を見るとホッとする**』――というのが櫻井くんです」(同制作スタッフ氏)

実は今から5年前、V6のデビュー20周年でも『櫻井有吉アブナイ夜会』に出演している坂本。当時は長野博と揃っての出演だったが、そこで〝櫻井翔に言いたいことSP〟と題した企画を行っている。

「櫻井くんが某テレビ番組で〝ジャニーズの先輩で尊敬する人〟に坂本くんの名前を挙げ、なぜか『何で俺なの⁉』と困惑した坂本くんが理由を質す――という内容の企画でした。櫻井くんが『**嵐がデビューして1ヶ月半くらい日本全国をバレーの仕事で回る中、ずっと一緒に坂本くんがお世話してくれてたんです。だから恩人なんです**』――と答えると、有吉さんが『恩人だけど尊敬はしてない？』と意地悪くツッコむ、もちろん仕込みの〝お決まりの展開〟です(笑)」(同氏)

しどろもどろになった櫻井が――

『**尊敬はしてますよ！**』

――とムッとするものの、有吉、さらに長野や坂本本人にも迫られ、結局は――

『**一番ではありませんけど……**』

――と答えさせられる〝オチ〟までが企画だったということだ。

「受け取り方によっては先輩の坂本くんを〝バカにしている〟と捉える人もいたでしょうが、誰よりもノリノリで『**面白いじゃん**』『**前フリで深刻そうな表情を作ったほうがいいね**』とアイデアを出してくれたのは坂本くんでした。坂本くんと櫻井くん、ひいては嵐のメンバーも含めた〝兄弟〟のような繋がり、信頼関係がなければ成立しない企画。もちろん長野くん、そして有吉さんもその意識を共有しないと成立しません」（同氏）

要するに〝コント〟のようなものだったのだ。

『V6の周年だけは、滝沢くんもJr.時代のタッキーに戻ってくれる。タッキー、嵐のメンバー、山ピー、風間、斗真、ハセ純……って、V6のバックに付いたメンバーが10周年、15周年、20周年って必ず集まってきたのは、すべて〝お兄さん〟たちの人格を慕っているからこそ。今年の25周年はコロナで集まれなくても、気持ちだけは一緒にいると思う』

――自らの想いをそう話す櫻井。

むしろ自分たちの『アラフェス 2020』よりも先に〝V6の25周年が……〟と頭に浮かんでしまうという。

たとえ何年経とうと、自分たちがどういうポジションになろうと、お世話になった先輩への櫻井翔の感謝の想いは変わらない。

そして嵐が活動休止した後も、その関係は決して変わることがないのだ。

Forbesインタビューで答えた〝活動休止前の心境〟

9月3日、〝forbesJAPAN.com〟に掲載された〝日本のポップスター『嵐』が外国人記者に語った活動休止前の心境〟という記事は、多くのファンからの反響を呼んだ。

「その2日前、世界的な経済誌『Forbes』が運営する〝forbes.com〟が配信した記事の日本語訳です。さすが日本の芸能界に忖度をする必要が一切ないので、記事のタイトル通り、日本のメディアでは聞きにくい話をズバッと聞いています」

日本テレビ『news zero』制作スタッフ氏は、櫻井翔、そして松本潤が語った〝日本のポップスター『嵐』が外国人記者に語った活動休止前の心境〟について、記事が掲載された後の櫻井の様子を話してくれた。

「インタビューは昨年『5×20』が世界で最も売れたアルバムに認定された時の気持ちから、嵐がクリエイティブであり続けるための秘訣、嵐がなぜこれほど長い間人気を維持出来ているのか、アメリカのファンにも活動を届けたいのか、活動休止の背景にある考えと決断、ファンへのメッセージ……など、合計7つのテーマで行われています。実はほとんどの方がお気づきでしょうが、インタビュー時間は30分もなかったので、事前にどんなことを聞きたいのかは伝えられていたようです。なのでかなり優等生的な答えが続いていますね」(『ｎｅｗｓ ｚｅｒｏ』制作スタッフ氏)

少々お待ち頂きたい。それのどこが「忖度しない」「日本のメディアでは聞きにくい」なのか？

事前にアンケートを渡す手法も何ら変わりないではないか。

「ポイントはたった一つ、〝活動休止を選んだ背景〟についてです。この質問に答えているのは櫻井くんですが、おそらくは日本のメディアに同じ答えを返しても、そこで忖度をして昨年1月の活動休止記者会見の内容に寄せるはず。しかしＦｏｒｂｅｓは、櫻井くんの言葉を記者会見に寄せることをしなかったのです」(同制作スタッフ氏)

記者会見でメンバーから語られた活動休止の理由。

それはリーダーの大野智が「嵐を辞めたい」と切り出したことに端を発し、最悪の状況を切り抜けて活動休止で踏ん張った――という話だった。

ところがインタビューでは、まったく違う答えを返している。

「櫻井くんは『**メンバー全員にそれぞれの人生やそれぞれの目標がある**』『**芸能人として追求したいテーマ以外の目標もある**』『**人生で何をやりたいのかをずっと考えた結果、それぞれの道に進むことを決めた**』――と答え、むしろ〝解散に向けた伏線〟のようにも感じられたのです。おそらくは櫻井くんの性格から〝**誰か一人のせいになるような答えをForbesにしたくない**〟から、そう答えたのだと思いますが」（同氏）

果たしてそうだろうか？

制作スタッフ氏こそ櫻井に忖度し、何かを隠しているように感じる。

それは「芸能人として追求したいテーマ以外の目標もある」から推測するに〝結婚〟について匂わせたのではないか。

もしやそれは活動休止の理由として――

『嵐のままだと結婚が出来ない。
結婚をして家庭を作り、子供を育てられる時間は限られている』

――と、メンバーが主張したのではないだろうか。
だから二宮和也は、活動休止までの時間が待てずに結婚した。
そう考えると筋が通る。

「そこは僕が触れる話ではありませんが、櫻井くんが確信犯的に答えた可能性はありますね。彼は配信記事が掲載された数日後、少し思わせぶりなことを話していました」（同氏）

――そう教えてくれた制作スタッフ氏。

『まさか自分たちがＦｏｒｂｅｓからインタビューを受けることになるとは思ってもいなかったけど、少し悔しかったのは先方のインタビュアーさんとの間に通訳さんが入っていたこと。

個人的には出来るだけ〝英語vs英語〟、あるいは〝日本語vs日本語〟にしたくて、そうじゃないとお互いの言葉に〝通訳さんのアレンジ〟が入っちゃうからね。

もしかしたら、俺の意図する言葉の意味とはズレてるかもよ。

まあ、言いたいことは言えたし、後は読んでくださった方がどう感じるか――。

そこはお任せするしかないよ』

――そう語っていたという櫻井。

しかし英文で掲載されようが日本文で掲載されようが、もちろんジャニーズ事務所側、あるいは櫻井本人のチェックは入っているに違いない。

そのチェックを通過しているのだから、櫻井の言葉はやはり――。

果たしてアナタは、Ｆｏｒｂｅｓインタビューに語った櫻井翔の言葉から、何を感じ取っただろうか。

櫻井翔と〝アニキ会〟メンバーのこれから

櫻井翔といえば〝アニキ会〟。

今や彼の代名詞（?）のアニキ会だが、実はある〝新メンバー候補〟の存在に、これまで櫻井を慕ってきた構成メンバーたちが戦々恐々としているらしい。

「その新メンバー候補とは、Sexy Zoneの中島健人くんです。東山紀之さん、堂本光一くんと継承されてきた〝王子様〟キャラで、いわゆる〝武骨軍団〟のアニキ会とは正反対の立ち位置にいますが、櫻井くんには個人的に『**感謝の気持ちしかない**』――と、特別な関係を築いていると聞いています」

TBS『櫻井・有吉ザ夜会』制作スタッフ氏は、

「そもそも中島くんの〝Sexyキャラ〟を確立させてくれたのも、櫻井くんをはじめとする嵐のメンバーだった」

――と、その関係性を語ってくれた。

「来年でデビュー10周年を迎えるSexy Zoneですが、結成以来、なかなかの波瀾万丈グループでした。〝Sexy Family〟というユニット軍団を結成させられたり、メンバーのうち2人がシングル曲に出たり入ったりするなど、最も〝ジャニーさんのインスピレーションに振り回されたグループでしょう」（『櫻井・有吉ザ夜会』制作スタッフ氏）

特に中島健人の〝Sexyキャラ〟は、大いなる迷いと不安の中でスタートし、何度も心が折れそうになりながら積み重ねてきたという。

「カッコつけて『Sexyサンキュー』――とやっても、周囲はシーンとするばかり。やればやるほど白ける決めゼリフなんて、何の役にも立ちません。本人もジャニーさんに『**もうやりたくない**』と訴えたものの、『**やり続けることに意義がある**』――と言われ、まったく受け入れてもらえなかったそうです」（同制作スタッフ氏）

そんな中島を救ったのが、嵐のメンバーだった――。

「中島くんは『最初に〝セクシー〟って言った時、誰もついてきてくれなかった。でも嵐の先輩方だけはついてきてくれたんです。嵐先輩のおかげで今がある』――と、何よりも嵐に感謝しています。中でも櫻井くんとは3年ぐらい前に『いきなり「健人、QRコード」と言ってLINEを交換してくれて。それがめちゃめちゃカッコ良かった』――そうで、それからはお互いのバラエティ番組やドラマ、映画を観た際に感想を送り合っているといいます」(同氏)

当の櫻井は――

『健人の視点は参考になる。
年令が一回りぐらい違うから、その世代が俺を観てどう思うか、
貴重な意見を吸い上げさせてもらってるよ』

――と言って笑う。

するとそんな2人の関係に嫉妬の炎を燃やすのが、アニキ会のメンバーたちだ。

「お馴染みアニキ会のメンバーは若頭の上田竜也くんを筆頭に中間淳太くん、増田貴久くん、藤ヶ谷太輔くん、千賀健永くん、菊池風磨くんの6人ですけど、特に櫻井くんと中島くんの関係にヤキモキしているのが、同じSexy Zoneの菊池くんです。もちろん彼も櫻井くんとLINEを交換していますが、上田くんの監視が厳しく、アニキ会のグループLINE以外で連絡を取ると、バレた時に大変なことになる。それなのに中島くんが櫻井くんに頼りにされていることを知り、かなり〝複雑な気分〟だといいます」（同氏）

菊池にとって中島は長年の盟友でもあり、その中島が心が折れそうになりながらも〝Sexyキャラ〟を貫いていることで、自分たちの知名度が上がったことも理解している。

しかしアニキ会のメンバーという立場からは――

『アニキと個人的な関係を作るのは許されないけど、だからといってアニキ会に入れたら、すぐに若頭補佐ぐらいになりそう』

――と、中島の存在そのものを脅威に感じているのだ。

『いやいや、アニキ会に関しては俺が作ったわけでもリーダーなわけでもないし、
後輩たちのお遊びみたいなもんだからね。

ただやっぱり慕われるのは嬉しいし、アイツらのやり取りを見ているだけで微笑ましい（笑）。

来年からは嵐としてのレギュラー（番組）やライブがなくなって、少し時間に余裕も出来る。

コロナが収まればアニキ会で食事に行く機会が増えるんじゃないかな。

メンバーに関してはプロ野球のドラフトじゃないし、俺が勧誘するつもりもないよ。

健人や、その他にもSnow Manの阿部（亮平）とか、
アニキ会とはまた別口で仲良くやっていくつもり』

――そう話す櫻井。

ちなみにA．B．C‐Zの塚田僚一、美 少年の那須雄登など、アニキ会の入会希望者は後を絶たないという。

「慶應義塾大学1年の那須くんは、菊池くんに『慶應の後輩は(自分)一人でいい』と脅されたそうです(苦笑)。また塚田くんは『飲み会の場として家を提供します。手料理でおもてなしをして、運転手から写真撮影係まで何でもやります!』とアピールしているものの、上田くんに『エサを撒いて取り入ろうとするセコいヤツはダメ』――と一刀両断されたとか。要するに中島くんも含め、〝もう誰も入れたくない〟のがアニキ会メンバーの本音なのでしょう(苦笑)」(前出制作スタッフ氏)

それならばやはり、櫻井本人からの〝ドラフト1位指名〟でなければ、メンバーが増えることもなさそうだ。

嵐活動休止後、櫻井の言葉にあるように〝少し時間に余裕も出来た〟とき、アニキ会、そして後輩たちと櫻井の関係性がどう変化していくのか――。

実は櫻井自身が一番楽しみにしているのかもしれない。

〝アニキ会vsアニキ軍団〟——仁義なき戦い

「実は櫻井くんのアニキ会に対し、〝アニキ軍団〟を結成しようとしているメンバーがいるんです。それを聞きつけたアニキ会若頭の上田くんが『ふざけんじゃねえぞ!』と激怒したそうですが、櫻井くんに『そんなの個人の自由だろ』——と、たしなめられたとか」

人気放送作家氏がこう語る〝アニキ軍団〟のボス——それはNEWSの小山慶一郎だった。

「小山くんは2018年6月に未成年女性との飲酒で芸能活動自粛。その後、日本テレビ『news every.』を降板して以来、運から見放されたような境遇に陥ってしまいました。現在のテレビのレギュラーは深夜の『NEWSな2人』と、まさかの東京MXテレビ『バラいろダンディ』。民放キー局、夕方のニュース帯で〝顔〟を務めたキャスターが、東京ローカルの〝夜のワイドショー〟で週1のコメンテイター。職業に貴賤はありませんが、テレビ局と番組には〝格〟が存在する。こんなことを言ってはMXテレビと番組関係者には申し訳ありませんが……」(人気放送作家氏)

さらに今年の6月には手越祐也が事実上の解雇処分でジャニーズを去り、3人のNEWSは新曲を出す目処が立っていない。

「そんな小山くんが唯一『**自分の居場所**』──と言うのが、文化放送でオンエアされている『KちゃんNEWS』です。今年で15年目で、自粛中も支えてくれた〝強い〟リスナーが多い。この番組がなければ、小山くんの心は折れていたかもしれません」（同人気放送作家氏）

だが逆に、小山にとって最強の応援団が付いていることで、つい口を滑らせてしまったのだ。

「**小山くんは櫻井くんのアニキ会とは〝レベルが違う〟としながらも、『テレビに出れる範囲じゃねぇわ、俺の〝アニキ会〟は。ラジオがちょうどいい』『でも、イケるな。たぶん4～5人はイケるかも。〝慶のアニキ軍団〟が気になっている後輩！ いたらマネージャーを通して連絡ください。軍団に入れます‼』**──などと大口を叩き、メンバーの募集をかけたのです。そりゃあ過激な上田くんの耳に入れば激怒しますよ（笑）」（同氏）

この発言に困っているのが、アニキ会メンバーの増田貴久。

言わずと知れたNEWSの盟友が、よりによってアニキ会に挑戦状を叩きつけたのだから。

『いや、俺本当に何のことか全然知らなかったのに、
いきなり増田が夜中に謝罪の電話をかけてよこしたんだよ。
話を聞いてみたら俺が怒るようなことでも、増田が謝るようなことでもまったくない。
「ウチの小山が申し訳ありません」──って言うけどさ、
俺だって同じ日テレのキャスターだった小山のことは心配していたし、
アイツの師匠でもある藤井貴彦アナウンサーは、日テレでたまに会うと、
「小山くんは元気かな」──と、気にかけてくださってる。
そもそも小山がどんな軍団を作ろうとアイツの自由で、
俺はもしそれが励みになるならドシドシ軍団員を勧誘して欲しい。
何なら増田も移籍させるから(笑)』

──増田から話を聞いた櫻井はそう言うが、当然ながら櫻井が気にしているわけがない。

『正直、俺からも「お前はやりすぎだ」――って注意している上田竜也。
アイツだけだから、何か言ってんのは。
増田から聞いた限りでは――
「小山がJr.を集めようとするのは確かにアイツの勝手。
だけど〝アニキ〟の称号を使うのは許せない。
ジャニーズで〝アニキ〟を使えるのは櫻井くんだけ。
そのルールを守らないなら力づくで潰す」――って、
上田が恐ろしいこと言ってんだよ（苦笑）』

――ちょっぴり櫻井も心配顔。
ちなみに嵐のメンバー全員に慕われている〝アニキ分〟の松岡昌宏くんについては――

『松岡くんは〝松兄ィ〟で〝松アニキ〟と呼ばれているわけじゃない』

――と、上田は定義しているそうだ。

「上田くんと小山くんの間に交流があれば別ですが、どうやら2人の関係は〝あまりよろしくない〟……との噂。アニキ会のメンバーは全員がデビュー組で、一方のアニキ軍団はジェシーくんが入らなければJr.だけらしく、勢力そのものが天と地ほど違う。上田くん以下、アニキ軍団の結成が気に食わないメンバーは、櫻井くんの『**それが（小山の）励みになるならドシドシ軍団員を勧誘して欲しい**』――という言葉の意味を、しっかりと受け止めるべきでしょう」（前出人気放送作家氏）

アニキ会とアニキ軍団――たとえ呼び名とメンバーは違っても、同じジャニーズ事務所の仲間同士。

お互いの〝会〟同士も仲良く横の繋がりを持てばいいではないか。

そのほうがジャニーズアイドル同士の交流も活性化するのだから。

改めて刺激を受けた〝大野智の才能〟

本書にもその名前やメンバーが登場する〝アニキ会〟だが、実は櫻井翔の中では――

『来年は少し距離を置くかもしれない……』

――という悩みがあるという。

「〝距離を置く〟といっても、完全に疎遠になるという意味ではないようです。たとえば月に1回、メンバーの誰かと食事をしていたとすれば、それが『〝3ヶ月に1回〟とか〝半年に1回〟とかのペースにしたい』――と考えているようですね」

話してくれたのは、日本テレビ『news zero』制作スタッフ氏だ。

「もともと、アニキ会の会合が行われるのは櫻井くんが後輩のコンサートや舞台に顔を出した後、居合わせたアニキ会メンバーと連れ立って食事に行く機会が多かったそうです。今年はコロナ禍でコンサートも舞台もほとんど行われず、逆に手軽なリモート飲みを定期的に行ったことで『**後輩たちと交流するのが楽しい**』――と話す櫻井くんは、飲食店の自粛要請が明けた後、自ら『**アニキ会やんないと寂しい**』――と、メンバーを誘い出したとか」（『ｎｅｗｓ ｚｅｒｏ』制作スタッフ氏）

この話を聞く限り、櫻井が――

『**来年は少し距離を置くかもしれない……**』

――と悩んでいる様子は、まるっきり伝わってこないのだが……。

「じゃあ何でそんなことを言い出したのかというと、リーダーの大野くんのせいなんですよ」（同制作スタッフ氏）

いきなり大野の〝せい〟とは穏やかじゃないが、そのヒントは大野が5年ぶりに開催した個展『FREESTYLE 2020』にあった。

「覚えていらっしゃる方も多いと思いますが、シルバーウィーク中の9月21日の放送で、開催中の個展『FREESTYLE 2020』を特集させてもらいました。櫻井くんは特集VTRが明けてMC席に下りた後、『六本木ヒルズのあんな会場で、あんな規模でなんて見た時、本当に胸がいっぱいになりましたし、そして作品を見た時に〝本当にすごい才能だな、天才だな〟って思う』――と心から感動した様子で、Jr.時代からのエピソードも語ってくれたのです。そして生放送が終わると、僕らの前で『大野は来年活動を休止するから、戻ってくるまでの間に、俺も大野の才能に負けない武器を身につけなきゃな』――と、しみじみと呟いていました」（同氏）

番組内で大野のことを――

『自分の納得するまで極めたい人、突き詰めたい人なんで、
今見えている才能の下に、信じられないくらいの努力が詰まっているんじゃないかな』

――と評した櫻井は、それを踏まえてか、こんな本音をポロリと溢す。

『何か智くん、勝ち逃げだよ。
俺には出来ない才能の塊を見せつけるだけ見せて、自分は休んじゃうんだぜ（笑）？
マジに戻ってきて焦らせるぐらいのこと、俺もやりきらないと』

そのためには〝時間〟が欲しい。
アニキ会に限らず――

『プライベートの空き時間を出来るだけ〝武器を準備する〟ために使いたい』

――という櫻井。
言ってみれば、松本潤が苦労して流暢な英語を身につけたのと同じこと。

『〝武器を準備する〟――つまり見つけるところから始める。

自分のものになるまで、プライベートは完全に優先させないといけない。

アラフォーにいいチャンスをもらえたね。

まだまだ自分を伸ばすための』

――そう語った櫻井。

なるほど、確かに大野の〝せい〟でアニキ会は結成以来のピンチ（?）を迎えている。

「また特集VTRで大野くんが『来年になって〝描きたい〟っていう気持ちになるのか、ならないのかも想像できないし、マジで何も考えていないから〝描きたくなったら描く〟っていう感じかな』――と語った時には、櫻井くんはボソッと『余裕ぶっこいてると抜いちゃうよ』――なんて言いながら笑ってましたね」（前出制作スタッフ氏）

実は今回の個展、櫻井は閉館後に松本潤を誘って特別に見せてもらったという。

「2ヶ月開催される個展は日時指定制で、開館時間から閉館時間まで30分刻みで入館時間を指定しなければなりませんでした。第1期が12時間営業、第2期が13時間営業でしたが、チケットは2回の予約抽選で完売。もちろん櫻井くんや松本くんがお客さんと入場するわけにはいきませんし、短時間ですが閉館後にコッソリと見せてもらったそうです。そして、どの作品かは言えませんが、2人とも同じ作品の前に立ち、無言で涙ぐんでいたそうです」（同氏）

――それは答えを聞かなくても、〝ジャニー喜多川さんの肖像画〟に違いない。

『智くんの愛が溢れていた。
素晴らしかった』〈櫻井翔〉

ほらね――。

櫻井翔が涙を溢した日——

10月1日にオンエアされた『櫻井・有吉THE夜会 2時間スペシャル』夜会フェス第4夜にゲスト出演した、妻夫木聡と二宮和也。

2人は〝親友VSメンバー〟櫻井翔クイズで対戦したが、もう一人のゲストでもある黒木華と共に、翌日から公開の映画『浅田家!』番宣でスタジオに登場した。

「番組改編期だけに横並びの時間帯が2時間スペシャルのバラエティやオムニバスドラマでしたが、満を持して2回目となる『男3人旅』をぶつけて来ました」(テレビ情報誌記者)

ご存じ伝説のドラマ『木更津キャッツアイ』(TBS)で出会い、共演者から友人へ、そして親友へと関係を深めていった、櫻井翔と妻夫木聡、佐藤隆太。

連ドラがオンエアされた2002年1月クールから、間もなく丸19年のつき合いになるのは、ジャニーズ以外の芸能人では最も長い間柄だ。

「去年の『男3人旅』第1弾はゴールデンウィーク10連休の初日、レンタカーでの九州旅行に密着。いきなり妻夫木くんのお祖父さんの家に立ち寄ったり、交通検問で止められたりのハプニングで撮れ高もバッチリ。ファンの皆さんには、3人が由布院の絶景露天風呂で裸のつき合いをするセクシーショットも十分にご堪能頂けたと思います」

『櫻井・有吉THE夜会』制作スタッフ氏は、

「前回のオンエアから1年数ヶ月の微妙な間隔、しかもコロナ禍でロケ地が限られている中、幸いにも3人の原点といえる木更津を巡ることが出来ました。設定が〝プライベートの夏休み〟に密着することだったので、いかにも夏らしい〝かき氷屋さん〟からスタートすることにしましたが、思いの外、3人が童心にかえって盛り上がってくれたのは助かりましたね。さすがに〝プロ〟です」

――と、裏事情を話してくれた。

しかし企画段階で「木更津が第一候補」と伝えられた櫻井は、実は当初は難色を示していたというではないか。

「一つは『木更津キャッツアイ』で出会った3人が木更津を訪れることに対し『3人が木更津に行くのってヒネリがないんじゃない？』──と、視聴者にサプライズ感を与えにくいこと。もう一つは木更津に行くと当時のことを思い出し、いわゆる単なる聖地巡礼で終わってしまうのではないかということ。番組としてはむしろ聖地巡礼が狙いですが、櫻井くん本人の気持ちとしては『だったら岡田准一くんと義徳くん、塚本高史くんや薬師丸ひろ子さん。酒井若菜ちゃん、小日向文世さん、古田新太さん、阿部サダヲさんなどなど、超盛大にキャッツファミリーで集まりたい』──と。親友3人旅プライベート密着との〝微妙なコンセプトのズレ〟が気になるようでした」（『櫻井・有吉THE夜会』制作スタッフ氏）

3人で木更津を訪れても構わないが、大切な『木更津キャッツアイ』をネタにするのであれば〝もっと贅沢にやれないのかな？〟……が櫻井の願いだったのだろう。

それでもスタートの待ち合わせ場所に集まるとスイッチを入れ、朝からハイテンションでのロケになったのは番組をご覧の通り。

「木更津に向かう車内でも盛り上がり、〝業界あるある〟が思ったよりもハマったのはまさに嬉しい偶然。また、いざ〝やる〟となったら本気で取り組んでくれる3人なので、むしろスタッフ側がノリについて行くほうが大変。とはいえ、さすがに櫻井くんたち3人が揃うと、アポなしロケでも簡単にアポが取れてしまうので、逆に難しく見せることに頭を使いました。〝ヤラセ〟という意味ではなく（笑）」

（同制作スタッフ氏）

さらには当初の櫻井の危惧をフォローする形で、スポーツ系のアクティビティや山奥にある知る人ぞ知る絶品ピザを体験するなど、今回も十分な撮れ高で視聴者を楽しませてくれた。

「エンディングは貸別荘でのバーベキュー、そして櫻井くんのリクエストでたき火を囲んでの本音トーク。実は櫻井くんが嵐の活動休止について深く語った後、〝つい涙を溢してしまうシーン〟があったのですが、本人たっての『まだ早い』――のひと言で、一旦はお蔵入りにさせてもらいました。嵐の活動休止後も『櫻井・有吉THE夜会』は継続しますので、いつか公開する日が来ると思いますよ」（同氏）

果たして櫻井翔の涙が解禁されるのは、いつの日か。

その時、櫻井自身は何を語るのだろうか――。

3rd Chapter

相葉雅紀

Masaki Aiba

ARASHI
FINAL STAGE

〝相葉雅紀クッキングスクール〟始まる？

櫻井翔は——

『（中島）健人の意見は参考になる』

——と、年令が一回り下の後輩を頼りにしているが、しかし後輩たちにしてみれば〝偉大な先輩〟嵐と接する数少ないチャンスに「相談に乗って欲しい」「アドバイスが欲しい」と願うのが本音だろう。

活動休止までのカウントダウンが迫る中、相葉雅紀が――

『新しい舎弟が出来たよ』

――と嬉しそうに笑うのは、ジャニーズJr.のネクストデビュー一番手、美少年の佐藤龍我、浮所飛貴と意気投合したからだ。

「2人はウチの番組にゲスト出演してくれたのですが、その収録の合間、片時も相葉くんの側を離れず熱心に話し込んでいました。もちろん休憩中はマスクとフェイスガードをつけていましたよ」

相葉たちの様子を話してくれたのは、テレビ朝日『相葉マナブ』制作スタッフ氏だ。

「ご覧になってくださった皆さんも多いと思いますが、2人はドラマ『真夏の少年 1945 2020』の最終回に向けての番宣で、その回のテーマは『マナブ！ご当地うま辛麺!!』でした。しかし現場に入った瞬間から2人はカチカチに緊張していて、全国から選りすぐりの絶品麺料理を味わいつつも秘伝のレシピを学ぶ企画なのに、肝心の味もまともに感じないだろう……と、一瞬、不安になったほどです」（『相葉マナブ』制作スタッフ氏）

この夏、グループ初の主演ドラマに挑戦し、その演技力や存在感が絶賛された美 少年。

彼らは事実上、ジャニー喜多川さんが〝最後にプロデュースしたJr.〟で、昨年の8月にはアメリカ・ロサンゼルスで開催された日系人イベント『二世週日本祭』（Nisei Week）でもライブパフォーマンスを披露。そのステージの構成や演出に松本潤が駆り出されたことは、ご存知の方も多いのではないだろうか。

「相葉くん推しの佐藤くんは美 少年のセンター。一方、立教大学1年生の浮所くんは、同じ美 少年メンバーで慶應義塾大学1年生の那須雄登くんと共に、インテリジャニーズ軍団の一員としてクイズ番組に出演。それぞれしっかりと存在感を放っている2人ですが、相葉くんの前では〝単なるファンの男の子〟に戻ってました」（同制作スタッフ氏）

それでも必死に――

『ご当地の麺料理って、そのご当地のお店で出るようなイメージがあるんですけど』

――などと浮所が言葉を絞り出すと、相葉からは、

『今日はおうちで出来ますから』

――のセリフが。

そんな他愛もない会話に「ウォー!」と歓声を上げ、「さすが相葉くんです!」と興奮する後輩たちのことが――

『ぶっちゃけ可愛い』

――と、相葉は満面の笑みを浮かべる。

「相葉くんが『この番組はとことん食べる系バラエティーだから』――と振ると、すかさず浮所くんが『朝食を抜いてきました』と返す勘どころの良さも見せてくれました。休憩時間にはメンバーの那須くんが10月から『I LOVE みんなのどうぶつ園』(日本テレビ)のレギュラーに抜擢された話で盛り上がり、『何で俺じゃないんですか!』と泣きそうな顔で迫る佐藤くんを、相葉くんは『これからいくらでも共演するチャンスあるじゃん』――などと優しくなだめてましたね」(同氏)

さらに浮所が――

『相葉くんはいつもポジティブなイメージ』
『その（エネルギーの）源はどこにあるんですか』

――と尋ねると、

『失敗したとしても、全力で取り組んでいれば納得できる』

――と、相葉は後輩相手にあまり語りたくはない本心を炙り出されるはめに。

『一応、ディレクターからは――

「（編集で）落としたければ言ってください。照れくさいでしょ？」

――と、ニヤニヤしながら言われたけど、

せっかくカッコいいセリフを言ったのにカットされたら、逆に損するの俺だもんね（苦笑）。

ただ本当、これから頑張って世に出て行こうとしている後輩たちには、

「Jr.時代を含めて24年、俺がジャニーズで学んだことを積極的に伝えてあげることが、嵐のメンバーとしての責任じゃないかな？」――と思ってるんだよね。

正直、あんま柄じゃないのもわかってるけど、自分と関わった後輩には何とか成功してもらいたい。

翔ちゃんのアニキ会をもうちょっとラフにした感じで。

上田や菊池みたいな〝門番〟がいないヤツを（笑）』

――〝アニキ会〟を引き合いに出して笑いながらも本心を語る相葉。

ちなみに番組後半では、ほとんど料理を作ったことがない佐藤と浮所に相葉が直々に指導。
そこで「相葉くんと料理してます!」と興奮マックスの佐藤を見て、ふと相葉が思いついたことが——

『こういうの、いいかも。
料理しながら後輩と交流するの。
相葉クッキングスクール?
料理して食べて、みんなでワイワイと語り合いながら』

大野智のキャンプ&アウトドア全般
櫻井翔のアニキ会
相葉雅紀のクッキングスクール
二宮和也のゲームサークル
松本潤の……は、果たして何になるのだろう?
嵐活動休止後の嵐メンバーと後輩との交流は、今までにも増して盛んになりそうだ。

相葉雅紀ついに〝高所恐怖症〟を克服!?

ファンの皆さんは櫻井翔と相葉雅紀が〝高所恐怖症〟であることは、もちろんご存知だろう。
それなのにドームツアーは言うに及ばず、2005年、伝説の〝ジャニーズムービングステージ〟がお披露目された代々木第一体育館コンサートから15年間、松本潤はフライングやゴンドラなど、高所恐怖症には想像するだけで足がすくむような演出をふんだんに取り入れてきた。

『ガチでイジメ以外の何モノでもない。
コンサートごとに寿命が縮むんだから……と言いたいところだけど、
実は不思議とコンサートは平気なんだよ。
客席のみんなの笑顔を見て、そこに俺の団扇を見つけると怖くない。
安心するからかな?
アドレナリンも出まくってるんだろうね』

ツアー先で高層ホテルに泊まると、窓の近くには〝出来るだけ近づかない〟ほど高所に弱い相葉だが、コンサートだけは別物らしい。ファンの声援が持つパワーには、さすがに驚かされる。

「コンサートが別物なら、ぜひとも番組でチャレンジしてもらいたかったですね。『もうバンジー飛ぶ年令じゃない』――などと言わずに（笑）」

日本テレビ『嵐にしやがれ』制作スタッフ氏は、

「あえて高所恐怖症の相葉くんにバンジージャンプをやってもらい、鳥になった気分を味わって欲しい」

――と、必死に相葉を口説いたという。

ファンの声援とは正反対の、相葉を消沈させる悪魔の囁きと言っても過言ではない。

「今年の7月に岐阜県でプレオープンしたバンジー施設が、これまでの日本最高の倍の高さになる215mのバンジーを始めた。〝日本一の嵐が飛ぶなら日本一のバンジーしかありません!〟と提案したものの、黙ったまま口もきいてもらえませんでした（苦笑）」（『嵐にしやがれ』制作スタッフ氏）

高所恐怖症の相葉にとっては想像するだけで絶句だろう。

岐阜県の山間部を走るバイパスに全長462mの〝新旅足橋《しんたびそこばし》〟がかかっていて、バンジーは中央に設置されたジャンプ台から飛ぶ。ちなみに高さ日本一だけあって、バンジー代も通常で36,000円と超高額だ。

「215mがダメなら、高さ第2位の100m（竜神バンジー）、それでもダメならその半分の54m（高さ第5位 富士バンジー）と減らしていったんですけど……」

相葉は最後まで制作スタッフ氏に振り向くことはなかったそうだ。

「残念です。嵐の公式Instagramのストーリーに、相葉くんが〝スカイツリー〟をアップさせていたから、〝バンジーもOKしてくれるかな？〟と期待したんですけどね。だってスカイツリーの高さに比べれば、215mのバンジーなんて全然低いんですから」

いかにもバラエティ番組の制作スタッフらしいノリで話すが、言われてみれば今後、スカイツリーはファンの〝聖地〟になることは間違いない。

『めちゃくちゃ怖かった……。

松（ふぉ～ゆ～・松崎祐介）と行ったんだけど、想像よりも高い場所からの景色が見えて、何か飛行機の離陸と着陸の時のような、模型の街を眺めている感覚だった』

――振り返ってそう話す相葉。

東京スカイツリーが観光スポットとしてオープンしたのは、2012年の5月。

当時から――

『絶対にロケをするだろうな。

ショッピング街やレストランもあるみたいだし』

――と思っていた相葉だったが、今の今までその気配はゼロ。

『時間もあったし、そろそろ見ておかないと時代遅れになる』

――と、松崎を伴って訪れたわけだ。

今後、聖地化されるであろう展望台は、第1展望台（天望デッキ）が高さ350m、第2展望台（天望回廊）が高さ450m。

なるほど、いくら日本一でも215m程度のバンジーでは太刀打ち出来ない。

『最初に行ったデッキにスケスケの床（ルックダウンウインドウ）があって、そこには立つ前からガクブル。

必死に頑張って下を見たんだけど、その場所で「東京タワーのてっぺんより高い」って聞いてさ。

「そんな余計なもの、作んなくていいじゃん！」――ってキレそうになるぐらい怖かった。

デッキはかなりスペースがあって、フロアも3つぐらいに分かれてた。

そこからまた追加のチケットを買うとさらに上の回廊に行けて、
きっとプライベートで来ることはもうなさそうだし、空いてるのもあって堪能してきたよ。

さっきも言ったけど想像以上に高くて、俺の知ってる都内の高層ビルや東京ドーム、皇居が、どの辺にあるかも見渡せて本当に楽しかった。

レストランもあるから食事も出来たしね』

意外にも〝高所を楽しんだ〟というのなら、ひょっとして高所恐怖症も克服出来るかも？

……とはいえ何がどうあっても、相葉雅紀が〝日本一のバンジー〟を飛ぶ日は決して来ないだろうけど。

〝調味料の魔術師〟相葉シェフ

活動休止半年前にいきなり点火したかと思えば、一気に燃え上がった大野智のソロキャンプ熱。凝り出したら止まらない、趣味にかける集中力は誰にも負けない大野ではあるが、しかし嵐には超絶インドア派の二宮和也を除く4人に、アウトドア好きの共通点がある。

しかもその目玉的存在がバーベキュー（BBQ）だ。

「キャンプとBBQはセットに近いものがありますが、二宮くん以外の4人は、それぞれの友人たちとバーベキューでリフレッシュしています。残念ながら今年はそのチャンスにあまり恵まれていませんけど、みんなBBQには一家言を持っている。中でも相葉くんは**『俺が仕切るBBQで〝マズい〟と言わせたことがない』**――と豪語する、別名〝調味料の魔術師〟だそうです（笑）」

話してくれたのは、テレビ朝日『相葉マナブ』制作スタッフ氏だ。

「皆さんご存じの通り、実家が中華料理店の相葉くんは『**中華の命は火力と調味料。でも野外のBBQでそこまで強い火力を維持するのは難しい。だから調味料でごまかす……じゃなかった、自分流のアレンジを加える**』――と言って、自前の調味料を何種類も持参しては、その日の天候や気温によって微妙に量を変えている。まさにプロの技で、BBQには自信満々の感じです」（『相葉マナブ』制作スタッフ氏）

相葉が持参するのは豆板醤や赤唐辛子、花椒、ラー油、オイスターソース、そしてXO醤といった、中華料理ではお馴染みの調味料。

その配合は〝企業秘密〟らしいが、BBQに参加するメンツによっては甘い甜麺醤を持参し――

『**辛いのが苦手な人がいる時は意外に使える**』

――と、まさに料理人の顔がそこにはあった。

『ぶっちゃけさ、スペアリブとか野菜って、別に俺じゃなくても誰でも焼けるじゃない？

俺が本気でBBQに参加する時は、〝これぞ相葉雅紀！〟ってモノを作らなきゃならないワケ』

――その「これぞ」は、何と〝焼きそば〟というではないか。


『いやいや、みんな焼きそばをナメちゃいけないな。

焼きそばを〝締め〟と思ってる人が多いと思うけど、俺に言わせればメインディッシュ。

強烈な火力と十分に熱せられた鉄板の上で、一気に焼き切るのが理想。

でもなかなか条件が揃わない時もあるから、そこでこの〝調味料の魔術師〟に出番が来る。

でも本当は最強の火力があってこそ、焼きそば本来の旨さに近づくんだよ。

それなのにずっと火力に恵まれないというか、天気が俺の邪魔をするんだよ。

でも悪条件でも旨い焼きそば作るよ。

火力が理想通りなら、その10倍は旨いけどね』

――こう言いながら、口調は明らかに不満そうな相葉。

するとここで、相葉が〝火力に恵まれない〟のは、

「実は自分自身のせいなんですよ」

――と、制作スタッフ氏は言う。

「相葉くんは〝雨男〟なんです。それも大事なロケであればあるほど、間違いなくその日の降水確率をプラス30％まで引き上げる。たとえば気象庁が発表した降水確率が10％だとすると、その日、相葉くんの登場シーンで降る雨はプラス30で40％。そこまで数字が上がると、にわか雨や通り雨がいつ降ってもおかしくない。そしてBBQをしている時に降ってくれば、当然のように火力に影響を及ぼすでしょう。そしてそれが『**こっちはたまの休みで楽しみにしてるのにさ。そういう時に限って降るんだもん**』――と、相葉くんがムキになった理由です（笑）」（同制作スタッフ氏）

活動休止中は時間の余裕も今より少し出来るはず。

そうなればBBQする回数も増えるかも。

その時は自称〝調味料の魔術師〟の腕前を存分に発揮して、相葉シェフ自慢の焼きそばを作ってくれることだろう。

相葉がラブコールするツーリング仲間

これは本当に大昔の話だが、かつてジャニーズ事務所に所属するタレントたちには、キャリアに関係なく〝運転免許取得禁止令〟が出されていたらしい。

「厳密には普通運転免許の取得が20才まで禁止、二輪車は全面禁止の〝ジャニーズルール〟です。しかし普通運転免許を取れば原付にも乗れるので意味がないのでは?……と、二輪車も解禁に。その裏には1980年代当時、某人気メンバーが原付の無免許運転で補導されるなど、表に出ないトラブルが起こっていたことも(解禁された)理由の一つです」(ベテラン芸能記者)

それでも公、つまり仕事現場に自家用車やバイクで通うことは禁止されていて、スーパーカーを乗り回していた田原俊彦や近藤真彦でさえ、仕事には専用のワゴン車で通っていたという。

「理由は一つしかありません。現場に向かう途中で交通事故を起こしでもしたら、様々な関係者に迷惑をかけてしまう。かつて20才まで免許取得が禁止されていたのも、成人として自己責任が取れる年令まで待たされていたのです」(同ベテラン芸能記者)

世間では18才から普通免許、16才から二輪免許が取得出来るが、それだけジャニーズは〝社会人としての責任〟にこだわる事務所だったのだ。

「バイクに関しては今でもある程度の制限は必要だと思っています。売れっ子のアイドルほど車とバイクの両方を所有している者が多いので、もしバイクで事故った場合、自分の身が危ないのはもちろんのこと、レギュラー番組やCMスポンサーなど、各方面に多大な迷惑と影響を及ぼすことになりますからね」

相葉雅紀の某レギュラー番組を担当する人気放送作家氏は、

「正直に言って相葉くんには何度かヒヤヒヤさせられました」

――と、苦笑いを浮かべながらエピソードを話してくれた。

「彼は自分からスピードを出すタイプではありませんが、地元千葉の海岸沿いを走る国道で『**あまりにも平和な道だったから眠くなった**』……などと、万が一バイクの居眠り運転をしたらどうなるか？ 本人も『**どっかに突っ込んでいたらヤバいよね**』――とは言うものの、口振りからはほとんど危機意識を感じさせなかったんですよ」（人気放送作家氏）

〝バイクの居眠り運転なんか聞いたことないよ！〟と言う方もいらっしゃるかもしれないが、気の緩みと運転に対する馴れ、さらには単調な走行が続くと睡魔に襲われることは十二分に起こり得る。

「相葉くんは『むしろ都内では道混んでるし、車の陰からUberを配達中の自転車が飛び出してきたりするから、ガチに怖い。俺はオフに千葉でツーリングするのが一番合ってる』――と言うほどなので、都内ではあまり事故の心配はありません。それよりも相葉くんのセリフにあるように、開放的になった地元のツーリングが最も危険なのです」（同人気放送作家氏）

いわゆる大型バイクから中型バイクを所有するジャニーズのバイク好きといえば、真っ先に名前が挙がるのは2021年3月末で退所する長瀬智也。アメリカの大型バイク、ハーレーダビッドソンを何台も乗り継ぎ、自分のツーリングチームまで持っている。

その長瀬の親友で、一般的には車好きで知られる堂本光一も、過去にイタリア製の高級バイクやハーレーを乗り継いでいる。

さらには木村拓哉、関ジャニ∞の丸山隆平と大倉忠義、若手ではSixTONESの高地優吾など、その他のメンバーや退所組を含めれば、優に20人を越える〝バイク乗り〟が揃う。

「そんなメンバーに比べれば相葉くんのバイク好きは平和なレベルで、『嵐にしやがれ』でもツーリング企画をオンエアしましたが、颯爽とバイクを走らせるカッコ良さより、どこかのんびりとしたコミカルさを感じるほどです」（同氏）

そんな相葉が自ら〝誘いをかけている〟のが、かつてのヤンチャぶりが嘘のような恐妻家キャラ、俳優の中尾明慶だ。

「中尾くんは奥さんの仲里依紗さんと夫婦揃って人気ＹｏｕＴｕｂｅｒの一角に食い込んでいますが、相葉くんはその中尾くんがＹｏｕＴｕｂｅにアップする〝ツーリング動画〟のファンで、以前から番組スタッフに『面白いよ。心からバイク好きなのが伝わってくるもん』――と勧めていて、『ＶＳ嵐』のゲストで来た時に自分から声をかけているんです」（同氏）

番組でも中尾のツーリング動画に触れた相葉。

すると中尾は収録後、ラブコールに応えるかのように――

『相葉くんにそんなこと言われて。
なので今日はツーリングの動画あげます！』

――と、新しいツーリング動画をアップさせたという。

『それはもう、照れくさいけど普通に嬉しかったですよ。
俺の気持ちが伝わって、すぐに応えてくれたんですから。
最近、こういう風にフットワークの軽い芸能人の人が周りにいなかったし、
別にＹｏｕＴｕｂｅだけの話じゃなくて、
口だけ適当に達者でチャラい後輩とかは、
全員並んで中尾くんに喝を入れてもらいたい（笑）。
いずれ時が来たら、本気で一緒にツーリング行きたい。
中尾くんのＹｏｕＴｕｂｅにゲストで出たいね』

――これ以上ない気持ちを言葉にする相葉雅紀。
これはもう、中尾明慶とのツーリングを止める術はなさそうだ（苦笑）。
しかしくれぐれも、無事故無違反でお願いしますね。

〝松兄ィ〟に込められた相葉の想い

「相葉くんには独特の距離の詰め方があって、自分が仲良くなりたい先輩後輩を、いきなり〝自分だけのニックネーム〟で呼ぶんです。たとえばTOKIOの松岡昌宏くんを〝松兄ィ〟と呼び始めたのは相葉くんで、関ジャニ∞の横山裕くんは〝きみちゃん〟と呼んでいます。ちなみに〝松兄ィ〟のほうは相葉くんから嵐のメンバーに広がり、やがて下の世代もそう呼ぶようになりましたが、横山くんの〝きみちゃん〟は誰もついて来てくれない。そりゃあ本名の〝侯隆（きみたか）〟の〝きみちゃん〟ですから、そう簡単には呼べませんよ（笑）」

テレビ朝日『相葉マナブ』制作スタッフ氏は、相葉雅紀が共演者の澤部佑（ハライチ）を〝ベーやん〟と呼び始めたことに、ふと〝相葉くんと仲が良いかそうでないかは呼び方でわかる〟と気づいたそうだ。

「最初は〝澤部さん〟、次に〝澤部くん〟でしたが、渡部（建）さんが番組を降板して以来、2人の相性がやたらと良いことに相葉くんも気づいたのでしょう。いつの間にか裏では〝べーやん〟と呼んでいました。澤部くんに尋ねると**『相葉くんから〝べーやん〟と呼ばれるなんて、最初に呼ばれた日は嬉しくて眠れませんでした』**——と話していましたね」（『相葉マナブ』制作スタッフ氏）

今や芸能界、テレビ界に確固たる地位を築いた相葉だからこそ、他の事務所の澤部をニックネームで呼んでも周囲は気にもしない。

だが嵐がデビューした翌年、それも本人に了解を取ったわけでもなく、陰で「松兄ィ」と呼び始めた時は、今思い返しても呆れてしまうと苦笑いする制作スタッフ氏。

「嵐のメンバーを**〝リーダー〟〝翔ちゃん〟〝ニノ〟〝松潤〟**と呼ぶのと同じような気軽さで、**〝松兄ィ〟〝きみちゃん〟**あと〝松（ふぉ～ゆ～・松崎祐介）〟は、僕らとの会話の中で普通に飛び出します。澤部くんの**〝べーやん〟**は名字から来ているのがすぐわかりましたが、松岡くんの〝松兄ィ〟など、その呼び方で濃い関係性がわかるようなニックネームもある。しかし相葉くんに聞いてみたら、**『松岡くんと仲良くなるというか、ほとんど知られていない時から一方的に呼んでいた』**——と言うので、フランクを通り越して〝図々しい！〟と、思わずツッコんでしまいました（笑）」

嵐がデビューした翌年、ようやくすべてのアイドル誌に毎月のように〝嵐ページ〟が組まれ、しみじみとデビューした実感を噛み締めていた相葉。

そんな時、彼の目は同じアイドル誌に登場するお洒落な先輩、松岡昌宏に釘付けになったという。

『その時、俺はまだ18才とかで、松岡くんも23才とか24才だったと思うんだけど、

俺の頭の中に――

「兄貴→松岡兄貴→〝松兄ィ〟じゃん!」

――って浮かんだから止まらないよね。

それからずっと周りには〝松兄ィ〟って言っていて、

でもその反面、怒られないかヒヤヒヤはしていた(苦笑)』

――当時を振り返ってそう話す相葉。

するとすぐさま〝事件〟が起こる。

当時のJr.の頂点、若手の風紀委員長でもある滝沢秀明から――


『相葉、それは違うぞ』

――と、雷を落とされたのだ。


『いや、滝沢くんの言うことが正しくて、悪いのは俺。

ジャニーズの規律として先輩に対しては〝くん〟付けか〝さん〟付けじゃなきゃいけないし、
たとえ公式のニックネームがあっても、先輩は〝くん〟か〝さん〟。

唯一許されるのは「マッチさん」の呼び方だけ。

滝沢くんにガチに怒られて、Jr.時代のトラウマが甦ったもん』

――苦笑いで話す相葉。

ちなみにデビュー20年を越えたグループには3人の〝リーダー〟がいるが、それぞれを「リーダー」と呼んでいいのは同じグループのメンバーだけ。

その他は〝城島（茂）くん〟〝坂本（昌行）くん〟〝大野（智）くん〟と呼ばなければならない。

また〝タッキー〟〝山ピー〟などにしても、同期より上か本人に許された者以外、〝滝沢くん〟〝山下（智久）くん〟と呼ばなければならないのは言うまでもない。

「ジャニーズの不文律だし、先輩の滝沢くんに言われたら大人しく引き下がるのが筋。ところが相葉くんにとって予想外だったのは、すでに〝松兄ィ〟呼びが松岡くんの耳に入っていたことだったといいます」（前出制作スタッフ氏）

さすがに強烈なお叱りを覚悟した相葉だったが、松岡は――

『お前、おもしれえ後輩だな。
20才になったら飲み行くぞ！』

――と豪快に笑い飛ばす。

『惚れたね。
あの瞬間から俺の兄貴は松兄ィだけ。
だから翔ちゃんのアニキ会から誘われても入らないよ。
誘われてはないんだけど……（笑）』

それをきっかけに〝松兄ィ〟一筋の相葉雅紀。

嵐活動休止をきっかけに、そろそろ自分が兄貴になって〝会〟を作る気は……残念ながら微塵もないらしい。

『天才！志村どうぶつ園』の魂を受け継いだ決意

2004年4月15日から、2020年4月4日の2時間スペシャルまでの16年間、故・志村けんさんの下で〝テレビとは〟〝バラエティとは〟を学び続けてきた相葉雅紀。

芸能界の先輩と後輩、師匠と弟子、そして時には父と子のような関係を重ねてきたものの、『天才！志村どうぶつ園』の魂を受け継ぐ決意はなかなか固まらなかったという。

「志村さんが3月29日に亡くなり、翌週の2時間スペシャルが追悼特番になりました。その番組の冒頭、相葉くんが発した悲痛な言葉は、今も我々の脳裏にこびりついています」

日本テレビ『天才！志村どうぶつ園』制作スタッフ氏は、「相葉くんともいろいろと話し合った末に」番組を去ることを決意したスタッフの一人だ。

「動物を扱う番組は手配を含めて手慣れたスタッフじゃないと回せないので、プロデューサー以下、引き続き『I LOVE みんなのどうぶつ園』を担当するスタッフもいます。しかし僕は志村さんに育てて頂いた〝志村チルドレン〟だと自負しているので、一度は番組を離れ、別の場所で力をつけて〝また会いましょう〟と相葉くんには話しました」(『天才!志村どうぶつ園』制作スタッフ氏)

相葉も笑顔で——

『**絶対だよ**』

——と、送り出してくれたらしい。

あの4月4日の追悼特番の冒頭で、相葉はこう語った――。

『志村さんが亡くなられたことは信じられませんし、受け止めきることができません。
嫌です。
悲しすぎます。
志村さんの優しい笑顔が頭から離れません。
僕たちは志村さんに教えていただいたことがたくさんあります。
その一つ、いつもみんなを笑顔に。
志村さんが安心してお休みしていただけるように、
今日はみんなを笑顔にできるように頑張りたいと思います』

――と。

「志村さんの意志を継いだ相葉くんなら、新番組も任せられる。あれから半年間、彼を見てきて確信しています。だから〝あえて〟離れるんです」（同制作スタッフ氏）

だが内心、相葉にも大きな葛藤があったようだ――。

『本音を言うと、オファーを頂いてから何日も眠れないほど悩んだよ。

園長がいない番組、そして（山瀬）まみさん、タカトシさん、

DAIGOさん、（滝沢）カレンちゃんもいなくなる番組。

「1からどころか0から作り上げていかなきゃいけない番組が、本当に出来るのだろうか？

いや、そんな番組をやってもいいのだろうか」

……って。

でもさ、だからこそ俺が継がなきゃいけないんだよね。うん』

――志村けんさんの意思を引き継ぐことへの葛藤と決意を語った相葉。

偉大なる先代の後を受け継ぐのは、どんな世界であろうと重責がのしかかる。

しかも相葉は〝嵐〟というグループではなく、あくまでも〝相葉雅紀〟個人で〝あの志村けんが16年も続けてきた冠番組〟を受け継ぐのだから。

『7月から8月ぐらいかな?
番組のプロデューサーと打ち合わせをして、
「これなら頑張れるかもしれない」――っていう手応えを感じたのは。
確かにまみさんたち頼りになるメンバーはいないけど、
後輩の那須(雄登)くんや進行役の枡(太一)アナウンサー、
何といってもあの〝藤岡ファミリー〟の参加は楽しみ。
志村さんの精神と魂を受け継ぎつつ、徐々に俺の色を出していければ――だね』

10月3日、2時間スペシャルでスタートした『I LOVE みんなのどうぶつ園』。

出演者はすでにご存じの通り、メインMCの相葉雅紀以下、進行役の枡太一アナウンサー、「日本犬を育てる」担当の藤岡弘、一家、「動物ニュース・リポーター」の丸山桂里奈、「希少野性動物の調査ロケ」担当の美少年・那須雄登、「おっきい動物ちっちゃい動物飼ってみた(?)」担当の橋本環奈――以上のメンバーが第1期レギュラーとして〝みんなのどうぶつ園〟を支えてくれる。

早くも藤岡弘、一家が、秋田犬、柴犬、甲斐犬、紀州犬を〝イケメン〟〝美人〟と話題の子供たちと共に育てていく企画や、那須が記念すべきファーストロケで野生のムササビ親子の激レアシーンをゲットするなど、好評価が目白押しでスタートを切った『I LOVE みんなのどうぶつ園』。

『志村さんが一番大切にしていたのは、いつも〝動物のために〟〝動物ファースト〟の番組作り。『みんなのどうぶつ園』もその想いをしっかりと受け継いで、さらに子どもたちに動物のことを大好きになってもらい、大人たちも動物を通して優しい気持ちを持てるような、そんな番組を作っていきたいと思う。天国の志村さんに――

「雅紀、頑張ってるな。俺もそういう番組をやりたかったよ」

――と、声をかけてもらえるように』〈相葉雅紀〉

間違いない。

キミなら出来る、必ずね――。

4th Chapter

二宮和也

Kazunari Ninomiya

ARASHI
FINAL STAGE

二宮和也が木村拓哉から引き継いだ〝大切なこと〟

「ここ数年はジャニーズ内にもプライベートで交流する先輩や後輩が増えた二宮くんですが、以前は『外でジャニーズの人たちと一緒にいると目立って嫌だ』——と、半ば交流を拒否するような一面が見られました。嵐のメンバーでも結成10周年を越えるあたりまでは、連絡先も教えなかったと聞いています。当時はマネージャーを通してじゃないと連絡が取れなかったとか」

フジテレビ『VS嵐』制作スタッフ氏は、ジャニーズの先輩後輩が対戦ゲストやプラスワンゲストで出演した際、二宮和也がどんな様子で接しているのかを話してくれた。

「生田斗真くん、風間俊介くんなどJr.時代からつき合いがあるメンバー以外、それこそ相手が誰であろうと〝目も合わせない〟〝いつの間にかいなくなる〟ことがよくありました。しかし誤解のないように補足しておきますが、決して〝仲が悪いからいなくなる〟のではなく、本番が盛り上がるように〝あえてそれまでは話さない〟のが彼のやり方なんです。それは他のゲストに対しても同じ」（『VS嵐』制作スタッフ氏）

スタジオ入りしてから本番収録に臨むまでの間に挨拶以外で話し込んでしまうと、いざ本番がスタートした時に〝新鮮味に欠けるから〟というのが二宮のスタンスらしい。

むしろ身内でもあるジャニーズのタレントだからこそ、尚更そう感じてしまうのだろう。

「ところがここ2～3年は、自分から声をかけにいく姿が目立つようになったんです。デビュー前のSnow Manがゲストに来た時も、ラウールくんに『君、ラウール・ゴンザレスだっけ？』……などとボケてました。まったくウケませんでしたけど（苦笑）」（同制作スタッフ氏）

どんな心境の変化か、自分から後輩をイジりにいくようになった二宮。

実はそこには〝ある後輩〟の存在、そして〝ある先輩〟の助言が関係していたのだ。

『そろそろアイツを誘ってやってもいいんだけど、ゲーム出来ないのがデカいんだよね。
だから結局、いつものようにゲーム仲間の中丸（雄一）や山田（涼介）に連絡しちゃう。
俺と遊ぶには「最低限ここまではお願い」ってレベルまで（腕前を）上げてくれないと。
CMの打ち上げでメシに行ってるし、やっぱ個別では行かなくてもいいか（笑）』

二宮が〝アイツ〟と言うのは、関西ジャニーズJr.・なにわ男子の西畑大吾。

皆さんもお馴染み、熱烈かつ猛烈な二宮ファンである。

「西畑くんとは日清オイリオのCMで4本も共演してるので、周りにすれば相当仲が良くなっていると思われがちですが、二宮くんによると『**俺のファンだと言ってくれればくれるほど、逆にプライベートでは遠い関係になる**』――そうです。それは『**いくらジャニーズの後輩でも、ファンには素顔を見せたくない**』――からで、ある意味、そこは徹底していますよね」(同氏)

この9月からオンエアされている新CM〝鮮度のオイルシリーズ 有機えごま油 新発売〟篇は、二宮と西畑が並んで座る和やかな食卓の雰囲気が魅力で、早くも視聴者からは好感度CMとしての評判も上々。

二宮自身――

『**確かに4本目の作品だから、お互いの間は掴めている**』

――と、やりやすさを認めているようだ。

『西畑はね、確かに仕事はやりやすい。
関西では〝芝居の出来るアイドル〟略して〝芝ドル〟……と言われているかどうかは知らないけど、
CMは15秒、30秒ですべてを表現しなきゃいけないわけで、普通の芝居とは違う〝勘〟が大切。
アイツはそこに関しては十分に合格点を付けられるから』

――こう言って評価する二宮だが、〝二宮のスタンス〟では仕事とプライベートはまったくの別物。
西畑が自分のファンだからこそ、〝ケジメのボーダーライン〟を越えない関係性こそが二宮の正義なのだ。

『ただ言ってみれば〝拓兄ィ〟にね、頼まれちゃったわけよ。
「大吾をよろしく」――って。
「千鳥の？」とかボケてみちゃったけど、拓兄ィに――
「後輩と関わることは先輩としての責任」
――とか言われちゃったら、嫌とは言えないじゃん。
いくらアイツがゲーム下手でも（苦笑）』

今年の新春スペシャルドラマ『教場』（フジテレビ）で共演した、拓兄ィこと木村拓哉と西畑大吾。
なるほど、西畑が木村に頼み込み、二宮との間を取り持ってもらったわけか。

『いや拓兄ィには2年ぐらい前から、後輩の面倒を見るように言われては来たの。
嵐が活動を休止するまでの間に、積極的に関わって欲しいって。
でも「ゲーム仲間の後輩しか可愛がってないだろ?」――って怒られてさ。
もちろん俺のスタンスとか理解してくれている上で、
それでも「後輩に伝えてやれること、和也ならあるんじゃね」――と言われたら。
……重いよね、その言葉は』

――そう明かした二宮。

ＳＭＡＰが解散した際——

『後輩たちに〝先輩グループとして〟伝え切れないことが残り、後悔している』

——と明かす木村。

嵐は解散するわけではないが、それでも今、グループとして最も高い場所に立っているからこそ、後輩の力にならなければならないことがある。

二宮和也は木村拓哉が〝出来なかったこと〟を、どのように引き継いでいくのだろうか——。

〝役者・二宮和也〟にとって記念すべき作品

『「海外の映画祭でグランプリを獲りたい！」──なんて、
まさか自分の口からスッと出てくるとは思わなかったですね（苦笑）。
でも撮影が進んでいくうちに、この作品が感じさせてくれる優しい温度が心地良くて、
「きっと世界共通の普遍的なテーマである〝家族の絆〟が伝わるんじゃないか？
こういう作品が賞を獲る映画界であって欲しい」──と、強く願う自分がいた。
コロナ禍で現地に行けないのは残念だけど〝必ず想いが届く〟──そう信じてます』

二宮和也と妻夫木聡が兄弟役で初共演した、映画『浅田家！』。

10月2日からの全国東宝系公開を前に、第36回ワルシャワ国際映画祭と第25回釜山国際映画祭に出品されることが発表された。

ワルシャワは10月9日から18日の予定で開催され、釜山は10月21日から30日の予定で開催。

本書が皆さんのお手元に届いた頃には結果が発表されているだろうから、ぜひとも朗報を願いたいものだ。

「ワルシャワ国際映画祭は1985年から開催されていて、グランプリを選ぶ国際コンペティション部門には『浅田家！』を筆頭に世界各国から15作品が選出され、グランプリを受賞すると日本映画初の快挙となります。一方の釜山国際映画祭は1996年創設と歴史は浅いものの、アジア最大規模の映画祭として日本でもお馴染み。世界各国から選出されるオープンシネマ部門への出品で、上映はメイン会場〝映画の殿堂〟野外スクリーン。コロナの影響でどれほどの観客を収容するのかは未定ですが、何と客席数は同映画祭最大の6,000席の会場です」（映画配給会社スタッフ）

それにしても冒頭のセリフにあるように、二宮が――

『海外の映画祭でグランプリを獲りたい！』

――とまで言うのは、もちろん彼自身がこの作品に惚れ込んでいるからに他ならない。

「この作品の原案は、写真家の浅田政志さんが手掛けた2冊の写真集です。そこから中野量太監督がオリジナルストーリーを紡ぎ出し、脚本に仕上げた。二宮くんは脚本を読んだ時点で、『**不思議なほど温かくて幸せな気持ちになる**』——と、高く評価したそうです」

話してくれたのはクランクイン直前、二宮から——

『これからスゴい作品を撮るから期待して』

——と聞かされていた、日本テレビ『嵐にしやがれ』制作スタッフ氏。

幼い頃から写真を撮ることが好きだった主人公の政志（二宮）は、様々なシチュエーションで家族のコスプレ写真を集めた個展を開催し、写真集『浅田家』を出版。すると見事に権威ある写真賞を受賞し、全国から撮影依頼が寄せられるように。写真家としてようやく軌道に乗り始めた政志だったが、ある日、東日本大震災という未曾有の天災が発生する——というストーリーで、浅田家の長男で政志の兄役に妻夫木聡、両親役に平田満と風吹ジュン。政志の幼馴染み役の黒木華と、被災地で写真洗浄のボランティアに携わる青年役の菅田将暉。その他にも北村有起哉、渡辺真起子、池谷のぶえ、野波麻帆らの演技派俳優たちが脇を固めている。

『自分にとっては本当に贅沢なキャスティングで、それは自分自身がたくさんの作品を見た中で、
「この人の芝居が好き」「この人と共演してみたい」と思ったことがある人ばかりで、
それは俺も最高にテンションが上がる舞台。
そういう皆さんと監督のカチンコで芝居を始められたのは、
主役冥利に尽きるとしか言いようがない』

――本作出演への想いを語る二宮。
むしろこの作品が初共演だったことが〝不思議〟な妻夫木聡は、二宮について――

『〝感受性が豊かな役者さんだろうな〟――とずっと思っていて、
実際に共演してみると画面の中で自由に羽ばたき、とにかく役に入り込む時の瞬発力がすごい。
監督のスタートがかかった瞬間、政志さんが憑依するような感じ』

――と語る。

また同じく初共演で「とにかく緊張していた」と苦笑いの菅田将暉も——

『二宮さんと目が合った瞬間に一気に緊張感がなくなって、
癒されるような、温かい何かに包まれるような現場にしてくれました』

——と、驚きの声を上げたそうだ。


『ブッキーは本当、翔ちゃんとは親友だからね。

初共演でも他人のような気がしなかった（笑）。

菅田くんは結構たくさんの作品を見ていて、ずっと一緒にやってみたいと思っていた人。

だから現場に入ってまず菅田くんを探したんだけど、全然見当たらない。

でも実はその時には気配もなく隣にいて、役に入り込むステージが俺とは桁違いだった。

俺は監督の〝スタート〟がかかるまではあれこれちょっかい出すタイプだけど、
菅田くんは現場に入った瞬間から小野くん（役名）。

〝恐ろしいほどの才能の持ち主〟だと、共演して思い知らされましたね』

二宮にここまで言わせる〝若き才能〟は――

『ガチに菅田くんだけ』

――とも。

「撮影前には映画の浅田家と本物の浅田家が会う機会があったそうで、二宮くんは『なかなか珍しい機会。だけど家族の空気を感じられることが出来たのは、かなり参考になった』――と話していました。そして、『浅田家の皆さんはお互いに愛情を共有して分け合っている。そこは会ってみて初めてわかる、浅田家の温かさや優しさ、絆の強さだった』――としんみりしていましたね」（前出『嵐にしやがれ』制作スタッフ氏）

二宮自ら「スゴい作品」と評し——

『海外の映画祭でグランプリを獲りたい！』

——とまで言わせた映画『浅田家！』への出演は、間違いなく〝役者・二宮和也〟にとってエポックとなる作品だろう。

映画祭の結果如何に関わらず、二宮和也は本作をきっかけに、また一回りも二回りも大きな役者に成長したのだ。

「うまく笑える人」「うまく笑えない人」——

番組改編期で、かつ嵐活動休止前の〝最後の作品〟ということもあってか、この9月中旬以降、二宮和也が『浅田家!』の番宣のためにゲスト出演した番組は二桁の数に上った。

「嵐がグループとして年内に出演する番組は、実は今年の1月にはすべて決まっていたのです」

話してくれるのは、テレビ界に強力なコネクションを持つ大御所放送作家氏だ。

「もちろんその後、新型コロナの感染拡大による東京オリンピックの中止、緊急事態宣言以降に変化したテレビ収録のあり方などで大幅なスケジュール変更を余儀なくされましたが、基本的には『VS嵐』『嵐にしやがれ』をどう着地させるかにかかっている。各局は一人でもいいから嵐のメンバーに出演してもらいたいわけで、そういった意味では『浅田家!』の公開が番組改編期と重なり、みんな喜んでいましたね」

〝みんな〟とは制作部をはじめ、編成部、営業部など。

特に営業部は嵐のメンバーが出演する番組の〝PT枠〟は確実に売れるので、少々お高めに（?）設定することも可能らしい。

ちなみに〝PT枠〟とはテレビ局が販売する〝スポット（時間帯）CM〟のうち、番組の途中で流されるCM枠のこと。詳しくお話しすると長くなるので、端的にいえば〝嵐のメンバーが出演する枠のスポットCMを営業部が売り歩きやすい〟程度で構わないだろう。

「二宮くんが出演した番宣ゲストのうち、最も気になったのが、9月27日の『行列のできる法律相談所』です。テーマがテーマだっただけに、どんなエピソードが飛び出すのかは楽しみでした」

（大御所放送作家氏）

その日のテーマは『信用できる人、信用できない人』。

二宮は〝行列レギュラー〟の東野幸治が、かつて『ニノさん』に出演した際の様子を明かし――

『実はすごく熱くて愛がある人。俺はめちゃくちゃ感動したんですよ』

――と、当時を振り返り、東野を〝信用できる人〟と評したのだ。

「最近は吉本興業内での序列が上がり、それに合わせて〝冷血人間に温かい血が流れ始めた〟と言われる東野くんですが、二宮くんは『東野さんをイメージで語っちゃいけない。一度でも仕事をすればわかる』――と、すっかり東野派になっているようです。さらに二宮くんは〝信用できる人〟の条件に『うまく笑えない人』を挙げ、東野くんの宣材写真の笑顔が『ぎこちないからいい』――と称賛。さらに『うまく笑える人とかね、直感的に得意じゃないんですよ』――と語ったのです。この言葉にはガツンと来ましたね」(同大御所放送作家氏)

『アイドルだからね。
そりゃあ20年、21年って〝笑って〟とカメラマンさんに言われたら従ってきましたよ。
でもおかしくも何ともないのに「ハイ! 笑って!!」の声で上手く笑えるほど、
俺は器用でもロボットでもない。
素直に言われた通り、最高の笑顔を作れるヤツのほうが、
俺には「まったく笑ってない」としか見えないし、そんな笑顔が人の心を動かせるとも思えない』

――そう本音を明かした二宮。

ところで『行列のできる法律相談所』といえば、嵐ファンクラブ会員の皆さんは、前代未聞の〝出演訂正メール〟事件が起こったばかりだった。

「当初、ファンクラブは9月6日に櫻井くんが『行列のできる法律相談所』に出演する情報を告知していたのですが、前日になって〝当方の誤りであり出演情報は間違いでございました〟と発表。また当日の朝にも、お詫びメールを配信したのです。タレントの出演情報の正確さには定評があるジャニーズファミリークラブが、まさかの誤情報を告知していたことにファンは驚き、ちょっとした騒動になりました」（前出大御所放送作家氏）

そのミスを帳消しにするかのような番組の盛り上がりで、ファンを満足させた二宮和也。

とはいえ番組で暴露されたように、自分から誘った中村獅童に4時間も待ちぼうけを食わせた上にバックレるとは……。

さすがに嵐が活動休止に入る来年以降、〝大人の約束は守る〟のは忘れずに。

もう一度演じたい〝あのドラマ〟の続編

『俺はずっと連ドラの「続編をやりたい」って言ってて、来年以降、その願いを叶えたいと思ってるんですよ。

今のところ、嵐で連ドラの続編をやってるのは松潤だけ。

もちろんスペシャルドラマの続編や映画化はあるんだけど、純然たる続編は松潤の2本だけ。

『花より男子』と『99.9―刑事専門弁護士―』

……あれ？　どっちもTBSじゃん！

何とかしてよ（笑）!!』


二宮和也には自分がこれまでに主演した連ドラの中で、どうしても続編をやりたい作品があるという。

それが2018年4月クールにオンエアされた『ブラックペアン』（TBS）だ。

「スペシャルドラマは続編というよりも本編で描ききれなかった部分を補うパターンが多く、二宮くんは『フリーター、家を買う。』(フジテレビ)以外では、出来れば続編には『**出たくない**』のが本音だったそうです。それは『**周りにどう見られているかわからないけど、自分はその10回とか11回とかの中で決着をつけたいタイプ**』――だからで、ただし『フリーター、家を買う。』の場合は、主人公の側面を描くには本編だけでは足りない気がしたからだと聞いています」

話してくれたのは、TBSドラマ制作班プロデューサー氏だ。

二宮がTBSのドラマに出演したのは2008年10月クールの『流星の絆』以来10年ぶりで、原作は医療エンターテインメント小説の第一人者、海堂尊さんの『新装版 ブラックペアン1988』。二宮は天才的な縫合技術を持つ外科医・渡海征司郎を演じた。

主人公は大学病院に勤務しながら出世に興味がない、万年ヒラの一匹狼。しかし外科医としては手術成功率100%を誇る孤高の天才で、その傲慢な性格と言動が周囲との軋轢を生み続けてしまう。そんな渡海がメスを握る東城大学医学部付属病院に、〝外科医の腕をまったく必要としない〟手術用最新医療器具が持ち込まれ、新しい手術の形が導入されようとする。技量に左右されず誰でも扱えるという心臓手術用の医療機器に、外科医として手術の工程の一部を本当に任せることが出来るのか? この技術導入に裏はないのか?……と、渡海が疑い始め、物語が進んでいった。

『俺が何で『ブラックペアン』の続編をやってみたいのか?……っていうのは、ああいう手術マシーンやAIの技術は2018年からでも飛躍的に上がっていて、その進歩についていきたい気持ちがあるからです。

いや、あるというか、渡海ならそう思うんじゃないかな』

だが二宮の話を聞いたプロデューサー氏は、

「おそらく2年前は二宮くんは続編のことなど考えてもいなかったでしょう。僕もいきなり彼が(続編を) やりたがっていると聞いて、ちょっと不思議な気分でした」

――と言って笑った。

『確かに。
渡海を演じるのは意外にハードで、彼が通す〝筋〟を絶対に曲げちゃいけない芝居とか。
しかも医療ドラマの専門用語、間違っちゃいけませんからね(苦笑)』
――そう話す二宮。

実は2年前、二宮は撮影現場で何度かトラブルを起こしていた。

なにせTBSの連ドラに出演するのは10年ぶりで、その間、彼にとっては〝当たり前〟のアドリブ芝居が、なかなかスタッフに受け入れられなかったのだ。

「噂では〝ニノは現場でセリフを変える〟〝もともとの台本は筋以外は覚えてこない〟と聞いていたのですが、さすがにそれは旧知のスタッフ相手だから許されていたことで、ウチでは封印してくれると思ってたんですよ。ところが当たり前のように監督に『**このセリフは違う。こっちのほうがいい**』――と主張し、脚本家の先生に了承してもらうのが大変だったと聞いています」(TBSプロデューサー氏)

『台本が悪いんじゃなく、台本のセリフのままだと見ている人に届かないんだよね、現場のエネルギーが。

当然、脚本家の先生が書いた筋を守りながら、視聴者に刺さるセリフを俺が探す。

だいたいは台本よりも少し尖ったワードで。

まあ「二宮ふざけんな」って人はスタッフにも共演者にもいるだろうけど、俺が引くところは引いて、折り合いをつけながらやったとは思ってる』

そう話す二宮は、本人もトラブルとまでは言わなくても、多少は気まずい場面があったことは認めているようだ。

それなのになぜ、あえて『ブラックペアン』なのだろう。

『一番の理由は〝コロナ〟。

医療の現場は必死で命を守ろうとしてるけど、たくさんの方が亡くなって。

「もし渡海なら、こんな時はどうしてるだろう？

〝俺は外科医だから関係ない〟……とか言っちゃうのかな？」

──とか、いろいろと考えていたら、ちょっと筋から離れてるとかどうでもよくて、

俺自身が〝渡海vsコロナ〟を見たくなったんだよね』

それは二宮和也なりの〝医療現場へのリスペクト〟に他ならない。

果たして来年か、それとも再来年か……。

二宮のその願いが成就することを祈りたい。

〝入籍後1年〟——二宮和也の想い

二宮和也が突然の入籍を発表してから、気がつけば1年の月日が流れようとしている。

「ジャニーズ事務所とはツーカーの、いわゆる〝ジャニーズ番〟の記者たちも知らなかった、昨年11月12日の入籍劇。本来なら新婚生活1年目、新婚ホヤホヤの熱い生活ぶりが聞こえてきてもよさそうなところ、それ以前とさほど変わらないというか、堂々と手を繋いで買い物をするような、いかにも新婚カップルの姿をキャッチすることが出来ません。むしろ結婚前のほうが、いろいろと話してくれましたからね」

某芸能週刊誌の敏腕記者氏がこう言って首を捻るほど、二宮と奥方は自宅マンションに引っ込んでしまった。

もっとも東京では2月から3月を機に新型コロナウイルスの感染拡大が始まったので、二宮に限らず芸能人夫婦が出歩く姿を見つけるほうが難しいのだが。

「たまにウチの現場で愚痴ったりしてますね。結婚してからのほうが窮屈な生活だと。『こんなことなら活動休止に入ってから入籍したほうが良かった。叩かれまくることもなかったし』――などと、ファンの皆さんだけじゃなく周囲の僕らでさえ〝（何を今さら……）〟と呆れてしまうような愚痴まで溢してました（苦笑）」

日本テレビ『ニノさん』制作スタッフ氏は、「身内（のスタッフ）だからこそ、厳しい意見も言わなければならない」と、何度も二宮に忠告するほど〝剛の者〟だ。

「彼は自分が売れっ子だからといって、周囲の意見に耳を貸さない傲慢なタレントではありません。逆に僕や他のスタッフのように〝口うるさい〟タイプの人間を近くに置くことで、いわゆる世間一般とのバランスが剥離しないように気をつける人。まあ、唯一ほとんど意見を聞かなかったのが、去年の入籍ではあるんですけど（苦笑）」（『ニノさん』制作スタッフ氏）

それは〝最も肝心なところ〟ではないか。

「本人は『結婚したら事務所から干されるかも』……などと言いながらも、レギュラー番組以外の仕事が入らなければ新婚生活を満喫出来ると目論んでいたものの、逆に仕事を詰め込まれ、一息ついたところにコロナが襲ってきた。それでも当時はまだ『みんなして新婚夫婦を虐めるなよ』――とネタにする精神的な余裕もあったのです」（同制作スタッフ氏）

ところが感染拡大が緊急事態宣言に繋がると、完全に余裕を失ってしまう。

「僕らはいち早くリモート打ち合わせを導入していて、嵐がリモート飲みで盛り上がる少し前から、コッソリとお酒を飲みながらリモート打ち合わせを行っていました。いくら二宮くんがゲーマーのインドア派でも、今回のように感染病が原因で自宅に閉じ込められると、その恐怖も相まってストレスが溜まる。それを解消するのが、僕らが積極的にリモート打ち合わせをした理由です」(同氏)

だがそれは当然、二宮から何らかの予兆を感じ取っていたからに違いない。

すると制作スタッフ氏はさらに声を潜め、

「先ほどは〝たまに愚痴ってる〟と言いましたが、実は早くも今年の1月の終わり頃には『**こんなはずじゃなかった。全然違うんだよ**』——と、結婚生活の愚痴が飛び出し始めていたんです」

つまり新婚3ヶ月目にあたるわけで、いくら半同棲期間が長いとマスコミで噂されていたとしても、さすがにフォローし難い(苦笑)。

だがその原因は、二宮の予想以上に自宅周辺に押し寄せる悪質なファン、さらには偶然にもご近所になってしまった地元住民にあるようだ。

「万全を期して、不審者がいればすぐに通報される高級住宅街の住環境、強固なセキュリティを誇るマンションに入居したものの、それが逆に仇となってすっかり知られてしまったとか。近所の高級スーパーに行けばコッソリとスマホを構える客もいるようで、『**自宅の中にいる時以外は常に周囲の目に狙われている**』――と、放っておくと被害妄想に悩まされることになりそうで、彼のことが心配です」（同氏）

二宮は結婚したことで「世間に知らせれば誰も俺たちに構わなくなる」と考えたようだが、自分が全国認知率100％近いスーパーグループのメンバーであることを忘れてやいないか？

「2人が交際中から奥さんは各SNSで袋叩きに遭ってましたが、結婚してもその状況にはあまり変わりがない。むしろ2人がラブラブでデートをしたり、記念日に高級レストランで食事をする姿が写真誌に掲載されでもしたら、より強く、大きな炎上騒動になるでしょう。今の二宮くんは『**家族を守れないようなことが起きては、自分は何のために結婚したのかわからなくなる**』――と嘆き、慎重すぎるほど慎重になっているのです」（同氏）

二宮和也が結婚し、熱烈なファンだからこそ「悔しい」「酷い」「許せない」気持ちになる、その心情は理解出来る。

しかしもし暴走するファンがきっかけで二宮を悲しませてしまえば、かつて彼を愛し、応援した〝幸せな記憶〟をも汚すことになるのだ。

自分で自分の時間を否定しないように、そしてプライベートでしんどい思いをしながらも、カメラの前では以前とまったく変わらぬ様子を見せてくれる二宮の姿に、もう一度、彼への想いを馳せてみようではないか——。

改めて気づいた〝嵐の原点〟

おそらくは皆さんも2月下旬から3月上旬あたりから生活様式が激変し、それまでの常識が徐々に非常識へと移り変わっていく様をまざまざと思い知らされたことだろう。

テレビの世界も放送開始以来の、未曾有の緊急体制に追い込まれた。

生放送だろうと収録番組だろうと、人と人が寄り添って作るのがテレビ番組だ。

ソーシャルディスタンスにフェイスガード姿のリポーターと、パソコン通信でリモート出演をするコメンテイター。

今は一見、以前のままオンエアされている人気ドラマたちも、画面の向こう側では神経質に神経質を重ねた感染対策が取られた上での収録だ。

「コロナ禍で最も影響を受け、最も注目を集めた作品はNHK大河ドラマ『麒麟がくる』と、TBS『半沢直樹』の2本でしょう。両者ともに1日何回も検温、手指の消毒を行い、本番収録以外は十二分なソーシャルディスタンス、マスクとフェイスガードを着用。ドライリハーサルでも外すことは許されません。特に長丁場の撮影になる大河ドラマは、今もスタジオ収録の際、出番がない時はトイレ以外は楽屋に籠りっぱなしでいなければならないそうです」（フジテレビ関係者）

先ほど「神経質に神経質を重ねた感染対策が取られた上での収録」と申し上げたのだが、誰もが真剣にルールを守り、だからこそ本番で一気にパワーを解き放つ熱演に繋がっているのだ。

「バラエティの現場も相変わらずソーシャルディスタンスとアクリル板での仕切りは変わらず、さらに楽屋でいえば大物から新人まで1人1部屋になりました。さすがにどのテレビ局もスタジオも楽屋の数が限られているので、臨時で鍵のかかる打合せ室を代用する番組も出ています。また収録が重ならないようにはしていますが、メインMCのスケジュールによってはいくつかの番組が同じ時間帯に集まるので、その場合は立場が弱い番組が〝出演者を減らす〟などして楽屋環境を維持しています」

フジテレビ『VS嵐』制作スタッフ氏はこう言うが、なるほどそれならば『VS嵐』のゲストが削られることはなさそうだ。

ところが……

「周りから見れば、ウチはもともとメンバーとゲストで10人以上の出演者がいるので、楽屋の数をずっと押さえていると思われているようですが、嵐は5人で大きな楽屋を使うので、コロナ禍の前よりも〝最低4部屋〟は増えているんですよ」

――と、『VS嵐』制作スタッフ氏は苦笑いで明かしてくれた。

「『嵐にしやがれ』でも同じ状況だとは思いますが、これまでメンバーは各々のペースで集まり、雑談をしながら本番に向けてのテンションを上げるのが、収録に臨む〝ルーティン〟でした。しかし今はそういうわけにはいかず、それぞれの楽屋で大人しく待って頂いている。タレントロビーやメイク室あたりで話そうとすると、フェイスガードと消毒液を持ったスタッフが飛んできますからね」

そんな状況に最も不満気なのが、二宮和也らしい――。

『いやいや、だってさ、コロナで楽屋を分けられているとか、
いちいち公式発表するわけじゃないし、
「嵐の楽屋がセパレートになりました。
それはメンバーが二宮の結婚をよろしく思ってないからです」
……みたいな、例によって適当にネタにされちゃうじゃん』

これはまた、二宮自身が爆弾を放り込んできたが、まったくそんなことがないから言えること。

『俺、楽屋に関してはラジオとかでも発信してるけど、
嵐をやって来て21年、そりゃあ特別な事情や理由で個室になったことも何回かあった。
でもさ、それでも次の収録では元に戻るというか、
「今回1回だけ」と頼まれただけの話なんだよ』

――二宮の言葉からもわかるように、先ほど制作スタッフ氏の言葉にあった〝収録に臨むルーティン〟が、ずっと行えていないわけだ。

『誰か風邪を引いているとか、咳が酷いとか、要するにコロナと似た理由ですよ。
でもコロナの場合は元気でピンピンしてるのに楽屋が別々。
みんなバラバラになって、合間もしゃべってないし、本番でしかしゃべれない。
最初は「たまには新鮮かも」と笑ってたけど、逆に収録の疲労がすごいんだよ。
頭も体もヘトヘト』

ウォーミングアップも出来ず、いきなり競技場に連れてこられたと思ったら、すぐさまスターティングブロックで構えなければいけない。

そんなんじゃウサイン・ボルトだって世界記録で走れない。

『ただし頭のどこか隅っこでは——

「これまでめちゃめちゃ恵まれた環境にいて、だからこそ楽しかったんだな」

——って思わされることもある。

「メンバー同士のコミュニケーションこそが、嵐を作っていたんだ」——ということを含めてね』

——改めてそう感じた二宮。

ある意味、自分たちの環境や生活がいかに贅沢だったか——

『中には反省すべき点もある』

——と言う。

活動休止に入る前にそれに気づいたことで、「これから自分をどうアジャストさせればいいのか?」を考える、好機と捉えればいいのではないだろうか。

そして二宮が改めて気づいた――

『メンバー同士のコミュニケーションこそが、嵐を作っていたんだ』

活動休止期間中も、その〝嵐の原点〟を忘れずに、メンバー同士の絆をより深めて、今まで以上に〝パワーアップした嵐〟として、再び我々の前に5人揃って戻ってきて欲しい――。

5th Chapter

松本潤

Jun Matsumoto

ARASHI
FINAL STAGE

『Whenever You Call』に込めた想い、そして後輩グループへのライバル心

7月29日リリースの嵐通算58枚目のシングル『カイト』が、オリコン週間シングルランキング登場5週目で累積売上111.7万枚に到達。

自身初のシングル曲ミリオンセールスを達成した。

「予定では東京オリンピックが開催され、嵐が活動休止に入るラストイヤーの2020年。未来を担う若者世代に向けたメッセージソングとして、〝NHK2020ソング〟の『カイト』が制作されました。嵐と米津玄師の夢のコラボレーションで、昨年末の第70回NHK紅白歌合戦で国立競技場から初披露された曲です。新型コロナの影響で東京オリンピックは延期され、嵐がNHKオリンピック中継や関連番組で果たすはずの役割も飛んでしまいましたが、この歌だけは世に送り出す使命を担っていたのです」

話してくれているのは、NHK音楽班プロデューサー氏だ。

「これまで嵐がオリコンランキングで最多売上げを誇っていたのは、デビュー曲『A・RA・SHI』の約97．3万枚でした。『カイト』は4週目でそれを上回ると、遂に5週目で累積売上111．7万枚に到達。念願の100万枚突破を記録しました。これまで〝SMAPにあって嵐にないもの〟がシングル曲のミリオンセールスだったので、メンバーも素直に喜んでいると聞いています」（NHK音楽班プロデューサー氏）

特に喜びを露にしたのは松本潤だったという——。

『嵐が達成出来ていない記録の一つだったから、聞いた時は素直に嬉しかったですね。
最近は〝チャートの意味〟みたいなものを否定する論調もあったけど、
アーティスト側にしてみれば、間違いなく自分たちの存在意義や価値が〝目に見えて〟測れる手段。
俺は素直にファンのみんなに「ありがとう」と言いたい』

——自らの本心を語った松本。

楽曲自体もオーケストラサウンドと歌声のハーモニーが心に残る、壮大なナンバー。
まさにアスリートや次代を担う若者を応援するに相応しい、『NHK2020ソング』だろう。

「そんな松本くんがかなり力を入れて取り組んだのが、9月18日にデジタルシングルとして配信がスタートした、『Whenever You Call』です。2018年のグラミー賞主要部門を総なめにしたハワイ出身の世界的アーティスト、ブルーノ・マーズが嵐のために書き下ろしたミディアムバラード。全編英語詞の楽曲を『どうしてもやりたかった。メンバーにはわがままを聞いてもらった』――と、松本くん主導で制作が進んだと聞いています」(同プロデューサー氏)

ちょうど1年前から本格的にデジタルシングルの配信を行っている嵐だが、今回の『Whenever You Call』の配信スタートの2ヶ月前にも、ほぼ英語詞のデジタルシングル『IN THE SUMMER』をリリース。

こちらもこれまでにレディー・ガガ、セレーナ・ゴメス、ボン・ジョヴィ、マドンナら大物アーティストに楽曲を提供しているラミ・ヤコブの作品。

しかも『Whenever You Call』に至っては、わざわざブルーノ・マーズが英語詞の発音指導を含む歌唱指導を行い、世界に通用する配信シングルに仕上げてくれたのだ。

『CDシングルとデジタルシングルの一番の違いは、
日本でしか買えないか、世界のどこにいても手に入るか。
厳密に言えば世界のどこからでも何とかしてCDを手に入れることは出来るけど、
でも音楽って耳に入って心に届くのが一番早い。
世界中の人に嵐の音楽を聞いてもらうには、やっぱりデジタルシングルで配信するほうを選ぶよね』

――自らの想いをそう語る松本。

ただしそれには、当たり前だが〝英語を母国語にする人に笑われない〟発音が最低条件。

そのために松本は、数年前から〝本気の英会話特訓〟を課してきたという。

メンバーの中で最も流暢な英語を話す櫻井が――


『松潤は会うたびに英語が上手くなってる。

ひょっとして俺らに黙ってブルーノのレッスンを倍以上受けたんじゃね(笑)?』


――と驚くほどだそうで、他のメンバーも〝まさに脱帽〟だったとか。

それは間違いなく松本の努力の賜物だが、実は〝完璧な発音で仕上げたい〟と意欲を燃やした一因に、意外な理由が隠されていたのだ。

『ぶっちゃけジャニーズの先輩としての〝示し〟の問題でもあるんだけど、SnowManの『KISSIN, MY LIPS』が、腹立つぐらい英語が上手いんだよ。

『Whenever You Call』と同じく全編英語詞で、

しかもアイツらのほうが先にオリジナル曲として発表していたじゃん?

後から出す俺たちが「嵐はSnowManと比べて英語が下手すぎる」……って言われたらさ、もう絶対に自分自身が許せない(笑)』

――後輩グループへのライバル心を隠さずに語る。

事実上、ジャニーズ事務所の頂点に立ちながらも、今年の1月にデビューした新人グループにジェラシーを感じ、張り合う松本潤。

いやしかし、ファンの皆さんならば「それでこそ我らがMJ」と感じてくださるのではないだろうか。

『アラフェス』ライブ配信――松本潤の想い

嵐の活動休止前、最後の活動日でもある12月31日まで残り100日に迫ろうかという9月15日――。

一部のマスコミ関係者には告知済みだった『アラフェス 2020』のライブ配信が正式に発表され、ファンは直接見られない残念な思いと同時に、チケットの当落を心配する必要がないホッとした思い、その狭間で複雑な感情を抱いていたことだろう。

「本来は東京オリンピック開幕前の5月15日、16日に開催される予定でしたが、新型コロナは『アラフェス』のみならずオリンピックも吹き飛ばしてしまいましたからね。ライブ配信は9月15日のデビュー会見記念日に発表し、11月3日のデビュー記念日にコンサートを行う予定と聞いています。しかし、11月3日は文化の日で祝日のため、国立競技場周辺に万人単位のファンが押し寄せる危険がある。松本くんとメンバーが『**ファンの皆さま、そしてスタッフの安全を守るため**』に苦渋の決断を下したのに、かえって感染を広げてしまうのでは?……と、都庁が危惧しているなどの話も聞こえてきます。同時に日程を発表しなかったのは、まだ変更の可能性があるからです」(大手広告代理店関係者)

9月19日に緩和されたイベント集客のガイドラインでは、11月30日までは国立競技場も収容人数の50%が上限。つまりおよそ4万人程度とみられるコンサートでは、確かに感染リスクの心配が先に立ってしまう。

「『アラフェス 2020』の開催を発表したのは、デビュー20周年記念日の昨年11月3日でした。まさかその数ヵ月後に新型コロナの感染が拡大し、緊急事態宣言が発令されるなどとは、誰も思っていませんからね」

嵐のドームツアーが開催されるたび、松本潤から――

『今回はこんなことを考えているんですよね』

――と相談されてきたフジテレビ音楽班プロデューサー氏は、

「去年の年末の、あの潤くんのキラキラした瞳が忘れられない」

――と振り返る。

「2019年は1月に〝2020年いっぱいでの活動休止〟を発表し、前年からの5大ドームツアーを拡大。潤くんは『**これが嵐の集大成のツアー。悔いが残らないようにやりきる**』──と話し、実際にその通りのツアーになりました。そして年末、『**来年の新国立競技場はとにかく楽しむ。ファンのみんなへの最後のプレゼントで、かつ自分たちへのプレゼントにもなるような、そんなコンサートにするつもり**』──と話してくれていたんです。潤くんとはデビュー以来のつき合いですが、彼があえて〝**自分たちへのプレゼント**〟と言うのを初めて聞きました」（フジテレビ音楽班プロデューサー氏）

それはずっとコンサートの構成、演出を担当してきた松本の、嵐に対するケジメの意味かもしれない。

「嵐はあくまでも〝活動休止〟で、解散するわけじゃない。でも活動を再開する時期が明言されたわけでもない。だから潤くんは〝**嵐の21年間を一旦閉じる**〟つもりで、そういう言い方をしたのだと思います」（同プロデューサー氏）

しかし松本のその想いは、コロナ禍によって大きく軌道修正せざるを得なくなった。

ライブ配信については、公式に――

『直接会えないというのは非常に残念な思いもありますが、
逆に言うとファンクラブ会員の皆さまが、
全員同じような状況で観られる形になったというふうにもとらえております』

――と、前向きな発言を残した松本。

そして同時に、自分たちが大規模なライブ配信を行うことで――

『後輩にも道を開いてやりたい』

――との気持ちを吐露したという。

「実際に松本くんは『嵐がジャニーズ事務所の〝顔〟を張るグループ』――だと自負しています。それゆえに自分たちがファンや視聴者に提供するコンテンツは〝ジャニーズ事務所を背負っている〟ので、決して妥協したりしない。そんな嵐は来年からはしばらくグループの活動を休止する。〝じゃあ次はどのグループがジャニーズの顔に？〟……と強く意識している。国立競技場からどんなライブ配信を行い、それを見た後輩たちにどれほどの刺激を与えられるのか。去年、僕に話してくれた『アラフェス 2020』への想いと今の想い、それはまったく別物だということです」（前出プロデューサー氏）

果たして『アラフェス 2020』に刺激を受け、自分たちが「ジャニーズ事務所の顔になる！」と立候補するのは、どのグループだろうか。

願わくば、すべての後輩グループが〝嵐の後継者〟として名乗りを挙げて欲しい。

『今年は12月12日が少年隊のデビュー35周年で、11月1日がV6のデビュー25周年。
偉大な先輩たちの記念すべき年がコロナに襲われて、
ジャニーズが年内に予定していたコンサートも中止。
そんな中、俺たちが新国立競技場から『アラフェス』をライブ配信することで、
どんな背中をジャニーズの仲間たちに見せられるか。
その責任と意味の重大さは、さすがにビビるほどヒシヒシと感じてますよ』

松本潤のこの想いに応えるためにも――。

松本が認める永瀬廉の〝上昇志向〟

言うまでもなく、嵐のメンバーで最もジャニーズの先輩や後輩と交流しているのは松本潤である。

櫻井翔にはアニキ会がついているものの、その予備軍を含めた10名程度しかつき合いがない。

相葉雅紀も横山裕、風間俊介にふぉ〜ゆ〜のメンバーを加えた〝常連メンバー〟ばかり。ただし今後、美 少年のメンバーとの交流は増えるだろうが、それでも松本にはまだまだ及ばない。


「今年はコロナ禍でさすがに夜の街では見かけませんが、昨年までは西麻布から恵比寿、中目黒、三宿、三軒茶屋など芸能人の出没スポットで頻繁に目撃されていたのが松本くんです。その交際範囲の広さは芸能界屈指で、歌舞伎界の大御所から同世代の役者仲間、ジャニーズの先輩後輩に有名スポーツ選手やOB。何と〝お笑い第7世代〟と呼ばれる若手軍団までレパートリーに入っています」（某芸能記者）

すると、ある芸能プロダクションのベテランマネージャー氏は、「松本くんはあくまでも他社のタレントさんではありますが……」と前置きをして、なぜか顔色を曇らせた。

「8月27日にオンエアされた『VS嵐』を見ていて、正直なところ松本くんにはこれまで以上に気をつけなければ……と思いました。それは〝チームじゅん〟の一員として出演したゲストチームの志尊淳くんと、2人に加えてキンプリの永瀬廉くんを入れた3人で、ガッツリ飲んだことがある話をしていたからです。僕らマネージャーからすると、間違いなく歓迎出来る飲み会じゃなかったでしょうからね（苦笑）」

なぜだろう？

松本といえば友人の小栗旬や藤原竜也と並び、飲むと必ず〝アツすぎる演劇論〟を闘わせることで有名で、それは彼らに限らず古今東西〝役者の性分〟と言えるもの。今さら他社のマネージャーが「松本潤には近づかないように」など、担当するタレントに言い含めるほどのことはあるまい。

「そうですね。きっとファンの皆さんも、松本くんはあの吉田鋼太郎さんや吉田新太さん相手でも喧嘩腰の演劇論を吹っかけるとお思いでしょう。しかし夢を壊して恐縮ですが、役者の99％は酔っ払うとギャラの相場や事務所の取り分など、要するに金の話をしたがるんです。残りの1％？酔ったらすぐに寝ちゃうヤツらですよ（苦笑）」（同ベテランマネージャー氏）

ジャニーズのみならず芸能界での影響力が強い松本の下には、他社のマネージャーが最も嫌がる〝ギャラ相場〟の情報が多く集まってくるらしい。

純粋に芝居やバラエティについての悩みを聞き、アドバイスを与えてくれるだけなら感謝しかないが、その続きはドラマやバラエティのギャラの悩み。特に事務所との取り分については、大手から中小の芸能プロダクションの情報が松本に吸い上げられているとか。

「志尊淳くんの周辺に探りを入れると、永瀬廉くんも最初は芝居についての批評やアドバイスを松本くんに求めていたようですが、しばらくするとギャラのグループ内格差、事務所とのギャラ交渉についての話に終始していたといいます。もちろんその場にいた志尊くんも、シッカリと頭の中にギャラの話を入れて帰ったでしょう。〝ジャニーズはこれぐらいの仕事でいくらもらえる〟……と」（同氏）

元SMAPメンバーに関する公正取引委員会の勧告以降、ただでさえ所属プロダクションからの独立を画策するタレントが増えている。

その裏にはほとんどの場合でギャラに対する不満が存在しているのは、紛れもない事実なのだ。

かつて登録しているタレントだけで千人を越える隆盛ぶりを誇ったオスカープロモーションも、次から次に看板クラスの女優、タレント、モデルが独立。オスカーにはオスカーの理由や裏事情があるのだろうが、明日は我が身と怯えるプロダクションは多い。

「情報が松本くんの下に集まるのは、彼が誰からも信頼されている証拠。実際に彼ほど頼もしいタレントはいません。それでも現実問題として、僕らは自分の事務所の所属タレントが松本くんや小栗旬くんから影響を受けないように。ただ祈るしかありません(苦笑)」(同氏)

ところでKing & Princeがデビューして、まだ2年半。

そのキャリアで永瀬は本当に松本にギャラの相談をしていたのか?

正直、まだまだギャラの心配をするキャリアじゃないだろう。

「いやいや、平野紫耀くんとの〝ギャラ格差〟はすでに始まっているようで、具体的にはどの程度まで仕事を積み重ねれば〝自分からギャラ交渉に持ち込めるか〟など、松本くん自身の経験を知りたがったそうです。そんな永瀬くんを松本くんは、むしろ『**若いのにしっかりしてる**』――と気に入った様子だったといいます」(同氏)

てっきりKing & Princeといえば、松本は『花のち晴れ～花男Next Season～』繋がりの平野派だと思ったのだが……。

それについて松本自身は、自らの想いをこう語る――。

『〝お金の話〟ってみんな隠したがるし、
〝金は後からついて来る〟的な言い方をする先輩たちが多かったけど、
俺は廉のようにストレートに――
「お金が欲しいです。そのために頑張ります」
――と言える後輩を評価してやりたい。
だって明確に〝稼ぎたい〟目標を持っているわけで、
「それがモチベーションに繋がらなくて何に繋がんの?」――って思うから。
強いよ、廉は。
ああいうヤツしか上がってこれないのが芸能界だもん』

何がモチベーションになろうと構わない。

そこに上昇志向があるのならば。

上昇志向こそが、厳しい芸能界という世界を生き抜いていくための原動力となるのだから。

松本潤にまつわる〝ある噂〟……

後輩たちの間で、松本潤に関する「もしかして……」の噂が広まっているという。

「松本くんの噂とは、トップアイドルに相応しくいつも美味しい物ばかり食べているはずなのに、実は〝味オンチ〟で本当は〝バカ舌なんじゃない？〟……というものです。味オンチはともかく、さすがに〝バカ舌〟と言われていることが本人の耳に入ったら、後輩たちはまとめて説教部屋行きでしょう（笑）。そうならないためにも、先に噂の発信源、責任の所在を特定しておきたい。その有力候補が、何と松本くんの物真似で稼がせてもらっているA.B.C-Zの河合郁人くんだというのです」

話してくれているのは、テレビ朝日の〝ジャニーズご用達〟制作スタッフ氏。

ちなみに彼も「河合くんなら言いそう。いや〝バカ舌〟だなんて、河合くん以外には言えない」と、1票投じるらしい。

「一連の〝ジャニーズ物真似〟でプチブレイク中の河合くんですが、松本くん以外にも木村拓哉くんや森田剛くんなどギリギリを攻め、見事にコロナ禍で知名度を上げました。先輩たちが物真似されても怒らないのは、実際には〝河合の物真似？　何年前からやってんだよ〟と苦笑いするほど長くやっているので、今さら怒れないのが理由。その隙を突いて物真似に毒舌を交える芸風になってきたことで、〝（売れて）調子に乗ってる河合くんなら、松本くんにバカ舌とか言いそう〟と見られているんですよ」

（テレビ朝日制作スタッフ氏）

河合なら――

『潤くんはバカ舌だからな～』

――と言いかねない、いや〝むしろ言っているに違いない〟と、疑惑の眼差しが集中しているわけか。

「ただし味オンチと噂されている理由のほうは、まんざらネタでもないんです。松本くんはいつも〝もずく酢〟ばかり食べていて、メニューにもずく酢がありそうな和食店や居酒屋が好き。仮に〝酢は体にいい〟などの健康的なこだわりがあれば別ですが、彼は単に〝酸っぱいものが好き〟なだけで、もずく酢以外にも『**酢豚があればとりあえず食いたくなる**』——と言うほどジャンルを問わず、酢料理なら何でもいいんです」(同制作スタッフ氏)

確かにそれでは〝味オンチ〟と言われても仕方がないかも。

「また後輩たちにしても、せっかく松本くんに誘われて〝美味しい物が食べられる!〟と喜んでいたのに、蓋を開けてみればボスの松本くんがもずく酢にご執心なだけに、それ以上に値段が高いメニューは頼み難い。そういう若干の不満も積み重なり、大袈裟に『**松本くんは本当は味オンチだから、もずく酢のようにハッキリと酢の味がする料理しか味を感じないんだ。味オンチに違いない**』……と、話が飛躍したようです」(同氏)

もちろん嵐のメンバーも、松本の〝もずく酢好き〟は百も承知。

櫻井翔や相葉雅紀は――

『打ち上げで居酒屋に入ると、自分の注文よりも先にもずく酢を頼む』

『何ならお通しがもずく酢の店を口コミで探したこともある』

――そうだが、松本には鮨屋の〝酢飯〟にもこだわりが。

『ほとんどの人が知ってる、イメージする〝鮨飯〟って、見た目は米が白く見える〝白酢〟を使ってるんだけど、昔ながらの江戸前鮨は酢飯がやや茶色がかった色の〝赤酢〟を使ってたんだよね。〝茶色で赤〟ってのもあれだけど(笑)』

――そう話す松本の酢へのこだわりは、ストレートなもずく酢に留まらず、酢飯を使う〝鮨〟の世界へと展開する。

『最近、特に30代から40代で独立する若い親方の鮨屋は、
ほとんどが赤酢を選択するのが流行りみたいになってる。
実は赤酢って、酢と日本酒の酒粕をブレンドして色がついた酢のことなんだけど、
普通の白酢を使うよりも味の調節が難しくて、米も少し固くなる。
つまり使うのには勇気がいるんだよ』

いつの間にか松本潤の〝完全なウンチク講座〟になってしまっているのだが……。

『一方の白酢は酢に砂糖をブレンドするんだけど、
砂糖は計りでいつも同じ量を計れるから、味が一定する。
そのお店に行けば、いつも同じ味の酢飯が食えるわけ。
そこから先は好みの問題になってしまうけど、
クラシカルでありながらアバンギャルドな赤酢の店を選ぶか、
デフォルトで安心出来る白酢の店を選ぶか。
酢好きとしては、その日の気候や温度、自分の体調と相談しながら決めてるんだよね、いつも』

こちら、あくまでも松本の嗜好と経験に基づいた意見なので、皆さんのご参考までに。

……というか、これほどの知識とこだわりがある松本潤を、誰が「味オンチ」「バカ舌」などと呼んだのだろう？

責任者の河合郁人、大人しく前に出てきなさい――（爆）。

嵐イチ〝気前がいい男〟

松本潤のイメージをテレビ界、芸能界で聞くと、「完璧主義者」「ストイック」などの言葉よりも先に、

「気前がいい」

「(遊び方が) セレブ」

——などの声が上がる。

「15周年で制作されたNHKのドキュメンタリーをきっかけに、嵐の舞台裏を見せる機会が増えました。極めつけは最近のNetflixですが、明らかに嵐の世界戦略の先鋒役を担っている。ファンの皆さんはドキュメンタリーに引っ張られて松本くんのストイックさ、完璧主義者のイメージが強いでしょうが、テレビ界や芸能界で彼と接する者たちは、まず真っ先にその〝気前の良さ〟が脳裏に浮かびます。それは多くの人間が、直接的ないし間接的に恩恵に授かっているからです」

日本テレビ『嵐にしやがれ』制作スタッフ氏は、

「ドラマ班の知人からは、松本くんが手を変え品を変え美味しい差し入れを入れてくれるので、共演者が〝松本さんが座長のドラマは太る〟などと噂していると話しています」

——と、その気配りについて明かしてくれた。

「嵐のメンバー、それぞれに〝差し入れの定番〟があるそうですが、初回収録、中日収録、最終回収録のタイミングでそれを入れてくれるのに対して、松本くんは初回から最終回まで毎日のように差し入れを入れる上に、その内容が〝まず被らない〟というのです。たとえば、かの石原軍団は超定番の〝おはぎ〟〝おいなりさん〟を大量に差し入れてくれますが、他にレパートリーがあるわけではない。しかも松本くんは一体どこで調べているのか、その時期の流行や季節感を絶対に外さないそうです」（『嵐にしやがれ』制作スタッフ氏）

ジャニーズの座長といえば木村拓哉の〝キッチンカー差し入れ〟も有名だが、松本はその日のロケが長丁場になると見ると、〝昼と夜で別のキッチンカーを呼んでくれることもある〟らしい。

なるほど、気前と気配りは芸能界でトップと言っても過言ではない。

『結局さ、主役だなんだってふんぞり返っていても、
共演者やスタッフのサポートがなければ単なる〝裸の王様〟。
みんなが楽しく、盛り上がって頑張ってくれる現場を作るために、
俺がやれることは何でも率先してする。
それが主役の役割だよ』

――そう話す松本。

そんな松本の〝気前のいい〟イメージを作っているのは、二宮和也をはじめ、メンバーが番組で発言するエピソードにもよるのではないか。いやむしろ二宮は、それを悪用している（?）節もある。

「確かに二宮くんは『VS嵐』のフリートークなどで、『松本潤のイメージって、やっぱり気前がいいところ』『5人で飯食いに行く時、松本潤がお店を取ってみんなが集まる』『好き勝手に飲み食いして帰ろうってなると、松本潤が「とりあえず面倒くさいから俺払う」と言ってお会計をする』と持ち上げ、そして『自分はまだ割り勘分を払ってない』――とオチにする。その場では『払わなきゃ』と言いますが、苦笑いの松本くんが『もういいよ』――と言うのを待っているのです（笑）」（同制作スタッフ氏）

なるほど。松本の〝気前のいい〟イメージを利用した二宮の賢い（?）戦略だ。

「それに最初から払う気がないのは、二宮くんは必ず『松本潤はそういう人』――と、しつこく繰り返すところからもわかります。仮に二宮くんが返したとしても、次は返したことをネタにする。『あの気前のいい松本潤に割り勘を返しました』――などとラジオで言われたら、むしろ松本くんのイメージが下がる。つまり返してもらえてももらえなくても、いずれにしても松本くんは〝損〟をするのです（笑）」（同氏）

これを知能犯と言わず、何と言うのだろう――。

『別にニノがどっか逃げるわけじゃないから構わないんだけど、一度「返して欲しい」と言った時、瞬間〝真顔〟になったんだよ。それを見た時、これまでの貸しはチャラにして、今後はその場で精算するしかないかな……って（苦笑）。もともと、俺が「まとめて払う」と言い出すから悪いんで、もしかしたらニノも本気で忘れていただけかもしれないじゃん？メンバー内でそんなの、ゴタゴタしたくないし』

――苦笑いの松本。

しかしあえて言わせて頂くと、だいたいの場合、割り勘で貸したほうは忘れても、借りたほうは忘れないのが普通。

松本が割り勘の合計金額を忘れていても、二宮和也は覚えているに違いない（苦笑）。

そうなると割り勘分の清算は、嵐活動再開後ということになるのかも……。

松本潤にとっての〝嵐の21年間〟――

『後輩がテレビで俺のことをネタにするじゃん？
よく「怒らないの!?」って聞かれるんだけど、
イヤらしい話、俺のネタで後輩がギャラをもらえるんだから、それはそれで全然構わない。
ネタにするのは普段から可愛がっていたり関わりがある後輩だし、
俺が直接的に仕事をやるよりも、そうやって自分で稼ぐきっかけを掴んでくれたほうが。
ただし最近、ネタが若干過激化しているというか、
ちょいちょい俺の人格を疑われそうなネタが出てくる。
あれは困る（苦笑）』

――そう言って苦笑いの松本。

つい先日、TBS『櫻井・有吉THE夜会』夜会フェス第3夜に出演したSnow Manの佐久間大介は、ジャニーズの裏話として――

『カリスマ演出家でもある松本潤くんは、Jr.の中では恐怖の対象』

――と、思わせぶりなエピソードトークを始めた。

「Jr.時代の佐久間くんが、嵐のコンサートでバックに付いた時の〝リハーサルエピソード〟でした。レッスン場に現れた松本くんがJr.の前に立ち、一人ずつ踊りをチェックする〝松本潤オーディション〟が始まり、松本くんに関する様々な噂を聞いていたJr.たちがピリッとした話です」(TBS関係者)

いわく〝松本潤オーディション〟で振付や立ち位置を間違えると――

『もうその曲には出られない。ステージにも上がれない』

――と、Jr.たちは聞かされていたという。

「するとある時、佐久間くんが踊る姿を遠くから見ていた松本くんが、目の色を変えて『**おい！佐久間〜!!**』と、怒鳴り声を上げげた。ビビってパニックに陥る佐久間くんに、松本くんからは『**お前のダンス、めちゃめちゃいいよ**』とお褒めの言葉が——っていう〝オチ〟がついたエピソードです」（同TBS関係者）

しかしこれだけ聞けば、佐久間は松本の人格を貶めるようなトークをしたわけではなさそうだが……。

問題は、それを受けた櫻井翔にあったのだ。

「その話に乗っかるというか、嘘でも〝オーディションは怖いと聞いている〟〝櫻井翔オーディションすれば良かったかな？　超楽チンだぜ、きっと〟などと受けてくれればよかったのに、素のままで『**そんな（に怖い）松本潤オーディションがある印象ないけどね。緊張感があるってことなのかな**』——と、否定も肯定もせずに流したのです。この時点で〝松本潤は他のメンバーがいないところで怖いオーディションを行っている〟ことが真実として広まってしまった」（同氏）

たとえ真実でも、櫻井のフォローの仕方によっては〝もう少しマイルドに〟伝わるということか。

『翔くんは、いい意味で小細工をしない人だから、それは何とも思ってない。
まあ来年から活動休止でそんなオーディションもやらないけど、
でも俺がKing & Princeや美 少年のライブに関わった時、
ちびっ子のJr.たちが〝潤くんにオーディションされるのが怖い〟からって、
「バックに付きたくない」……とか言い出されるのは困る。
先輩のバックに付いて覚えなきゃいけないのは、ジャニーズJr.の義務だから』

――そう心配する松本。
今のところ聞いたことはないが、それが嵐のライブではなくKing & Princeや美 少年のライブの場合、中には「メンバーさんじゃないのに（言わないで！）」と反発するJr.が出てもおかしくないし、むしろ松本は――

『食ってかかるぐらいのほうが見込みがある』

――と、面白がっている感もある。

『そういう反抗期は大歓迎。
だって俺にもそういう時期があって、
それで徐々に芸能界のルールや〝生き残る方法〟を学んだからね。
ちょっとぐらい生意気なヤツのほうが成功する率が高いから。
そういえば翔くんなんか単なるギャル男で、
レッスンをサボって渋谷や二子玉（川）で女子高生と遊んでたから（笑）』

――思わぬところで松本の口から櫻井の黒歴史が暴露されたが、松本の反抗期には「台本にあるセリフをしゃべらない」「ロケ現場に入っても車から降りて来ない」など、主にドラマの現場で大人たちを振り回していたそうだ。


『何か大物ぶって「このセリフはちょっと言えないっすね」――とか、平気で言ってたもん。

よくブッ飛ばされなかったよね（苦笑）。

尖ってたのか、尖ってるフリをしていたのか、自分でもよくわからないけど。

でもアイドルだろうと普通の中高生だろうと、みんな平等に反抗期はやって来る（笑）』

今はもちろん反抗期などとっくに終わっているが、その当時に「反抗期同士で仲良くなった」と松本が言うのが小栗旬。

『アイツは何か、20年近く反抗期のまま大人になった感じ（笑）』

――と笑う。

さらに松本は自分たち〝嵐〟について、思い出したようにこう語る。

『嵐はみんな反抗期が終わったら、すべて何でも「民主主義で決めよう」となって、多数決をルールにした。
それこそコンサートグッズのデザインから、打ち上げ会場の選択まで。
一見、多数決がいかにもスッキリするように見えるけど、逆にスタッフの準備を裏切ることもある。
北海道でスタッフさんが「たぶん、ジンギスカンで打ち上げをしたいと思ってるだろうな」って、先読みして予約の取れない店を必死で押さえたら、多数決でカニが圧勝したり（笑）。
そういう思い出、いっぱいあるなぁ……』

当初の〝恐怖の松本潤オーディション〟からは話がだいぶ逸れてしまったが、こうして〝後輩にネタにされる〟ことから〝多数決でカニ〟まで話が転がったのも、松本潤の中に〝嵐の思い出〟がたくさん詰まっているからだろう。

松本潤にとって、そして嵐メンバーにとって、嵐で過ごした〝21年間〟は何物にも代えられない、大切な大切な宝物なのだから――。

ARASHI
5×嵐
Final Stage

6th Chapter

嵐フレーズ集

5 × Phrases

本書のフィナーレとして嵐5人が語った言葉をご紹介しよう。
彼らの想いを出来るだけストレートに伝えるために余計な解説は省き、
彼らの口から語られたフレーズのみを掲載させていただいた。
5人が語った"嵐からのメッセージ"——
それらの言葉から彼らのどんな想いを感じ取っていただけるだろうか。

ARASHI
FINAL STAGE

大野智

『振り返れば、
失敗しないとわからなかったことが本当に多すぎて、
「自分が嵐じゃなかったら、どんな人間になっていたか」……
想像すると怖くなるし、心からファンのみんなには感謝してる』

『嵐をずっとやってきて、一つだけわかったことがあるんだよね。
人生には近道も回り道もない。
自分が歩いてきた道だけが〝運命の道〟だったと。
だから〝もし嵐じゃなかったら？〟……とか、
〝もしジャニーズじゃなかったら？〟……とか、
考えても何も変わらない。
今を生きるのが俺の運命』

『今悩んでることは早ければ半年、
せいぜい1年もすれば忘れちゃってるか、
または笑い話になってるか。
そう考えればどんなことでも大したことがないし、
時間の経過の偉大さがわかるじゃん?
だから俺はその〝時間〟を無駄にしないように、
その心掛けを後輩に伝えているんですよね』

『一度、誰かの真似をして上手くいったりすると、
次も同じように誰かの真似をしたくなる。
その繰り返しは延々と続いていくわけで、
上手くいってる時はそれが将来的に自分を苦しめることに気づけない。
どんなにしんどくて頭がカスカスになろうとも、
自分が生み出したもので勝負する。
アーティストの定義はそこにあると思う』

『結局、どんな世界に生きてどんな道を進もうとも、
未来は自分で作るしかない。
優しい他人が与えてくれるものじゃない。
俺は今、その未来を作ろうとしているんだよね』

櫻井翔

『嵐がデビューした時、SMAP、TOKIO、
V6、KinKi Kidsの先輩たちがバリバリに君臨していて、
俺たちはいつも肩身が狭いというか、先輩たちに怒られてばかりいた。
でもそれが俺たちに対する愛や期待だと感じていたからこそ、
俺たちも素直になれた。
今のジャニーズ……いや世の中には、
そういう関係性が少し足りない気がする』

『デビューから何年間かは、何とかチャンスを掴もうと必死だった。
いつ頃からかチャンスが向こうからやって来るようになったけど、
だからこそさらに必死に、貪欲にそのチャンスを掴んで結果を出した。
嵐はそういう〝泥臭いグループ〟なんですよ』

『いつも何かしらの課題を抱えていないと、
人は〝自分が正しい〟と傲慢になる。
成功者だと勘違いしてしまう。
俺は常に問題や疑問を抱え、さらにその解決法について、
「もっと正しい道はないか？」
――と探すことを〝課題〟にしているんだよね』

『ニュースキャスターを始めた頃、ほとんどの大人たちは、
「アイドルは無理」「報道の何がわかるんだ?」って否定したけど、
ウチ(ジャニーズ事務所)の大人たちだけは背中を押してくれた。
「やるだけやって、ダメなら辞めればいいだけよ」――って、
そう言って俺を送り出してくれた時の感激は忘れない。
そしてそれこそが、大人が若者に贈ってやれる〝最高のエール〟だと思う』

『俺たちはデビューからこれまで〝ジャニーさんの作品〟だったわけで、
グループが活動休止し、初めてセルフプロデュースで、
〝自分自身が作品〟という道を歩き出す。
その日が近づくにつれ、怖さとワクワク感がすげえ増殖する感覚——
……何だろう、コレ？』

相葉雅紀

『周りを見回して、自分を他人と比較して物事を考えることは大切だとは思う。
でももっと大切なのは、他人と比較するナンセンスさを知ること。
〝自分は自分〟
――それでいいんじゃね?』

『いつもガッツリ、どんなことでも〝勝ちにいく〟のは松潤。
それはアイツだからこそ出来ることで、
俺には引き分けでもいいから〝負けない〟生き方が似合ってる（笑）』

『俺らは嵐である前に、中学や高校の頃からずっと一緒の幼馴染なの。
あえて〝親友〟とまでは言わないけど、
でも俺ら5人には5人にしかわからない、
わかり合えない気持ちがある』

『いつか富士山のてっぺんから下界を見下ろしてみたい。
〝単に景色の素晴らしさに感動するだけなのか、
山を登る苦しさや辛さの先に何かを得ることが出来るのか〟
——それを確かめられるのは、登った人だけの特権。
つまりさ、自分で経験しなければ何も見えてこないんだよね。
人生ってヤツは』

『俺がこれまでに何回も壁にぶつかって学んだことは、
「その壁から一瞬逃げられる方法はあっても、
一生逃げ続けられる方法はない」
――ってこと。
壁にぶつかったら、転んでも凹んでもいいから、
真っ直ぐ逃げずに立ち向かってくれ』

二宮和也

『30代のうちに何を成し遂げたいとか、
30代のうちに胸を張って誇れる作品に出演したいとか、
俺には年令を区切りにする感覚がないんだよね。
だからあと3年で40才になっても、肩に力を入れずに生きていくのが理想。
世間もきっと、俺にはそういう期待をしてるんじゃない（笑）？』

『正解ってさ、それぞれの立場によって答えはいつも異なるわけ。
俺の立場では正解でも、お前の立場では正解じゃない。
つまり誰もが全員、同じ正解を出すなんてあり得ない。
それがグループの個性を生み出すんじゃないかな。
——若い子たちに伝えられるのは、それぐらいだよ』

『いわゆる人間国宝的な方々も、
最初はお弟子さんの、そのまた見習いから始めている。
そして一つずつコツを身につけ、何十年もかかってようやく実を結ぶ。
若い子たちがポンっと一発で世に出たい気持ちはわかるけど、
そういう人はだいたい最初の挫折で消えていくね。
耐え忍んだ積み重ねがないから』

『嵐は永遠に〝ジャニー喜多川の作品〟。
来年から二宮和也は〝二宮和也の作品〟。
天国のジャニーさんに笑われないような、そんな二宮和也でいたい。
そんな二宮和也でいなきゃいけない』

『これだけは断言しておきたいんだけど、
俺は自分ん家の玄関を出た瞬間から〝嵐の二宮和也〟で、
それは1999年にデビューした日から今までも、
そしてこれからも変わることはない。
俺が嵐を辞める日まで』

松本潤

『俺が思うのは――
「常識を疑う者じゃないとオリジナルにはなれない」
――ってこと。
どんな世界にも常識やオーソドックスな定番の生き方があるけど、
それをなぞるだけじゃ、その世界の〝幅〟を超えることは出来ないからね。
オリジナルはいつも、その幅から飛び出したところにあるんだよ』

『昔は二者択一で迷った時、
あえて難しいほうを選ぶのが松本潤の〝流儀〟だったけど、
今は少し考え方が変わったんだよね。
……いや、別に簡単なほうを選ぶっていうんじゃなく、
そもそも〝二者択一の状況を作らない〟って意味。
二者択一の状況に追い込まれたのは、
どこかで自分のプランに穴が開いていたってこと。
より完璧に、慎重に進めていれば穴が開くはずないんだよ』

『嘘ってさ、誰でも簡単につける上に、簡単に自分を繕ってくれるじゃない？
だから自分に自信や信念がない人ほど、上手い嘘をつけるようになっていく。
俺は少なくとも〝嘘が上手い自分〟にはなりたくないから、
いつも裸で向かい風に立ち向かう。
誤解しないとは思うけど、物理的に裸になるわけじゃないからね（笑）』

『「夢はないけど目標は山ほどある」——

俺はいつも若い後輩たちにそう話してる。
夢を具体的な目標に定めて進まないと、
朝起きたら覚めて終わってるだけ。
ジャニーズに入るまでは夢でいいけど、
入った瞬間から〝目標〟にしないと絶対に叶えられないから』

『Ｋｉｎｇ＆Ｐｒｉｎｃｅには順調に育って欲しい。
だって、つまんないじゃん。
嵐が活動を再開する時に、〝若きライバル〟がいないと』

ARASHI

5×嵐

Final Stage

エピローグ

冒頭のプロローグでお話しした日本テレビのオンライン〝2020年10月期番組改編説明会〟の2日前、大野智は自らの国内3回目の作品展『FREESTYLE 2020 大野智 作品展』の内覧会で、なかなか見ることが出来ない晴れやかで清々しい笑顔をたたえながら、取材にあたる関係者に相対していた。

「2008年に最初の作品展を開催してから12年、特に今回は活動休止前の〝総決算〟の意味合いが強く、彼がどんな作品を展覧会の〝目玉〟として発表するのか、多くの注目を集めていました。そしてそこには大野くんが生み出してきたどの作品よりも愛とインパクトに溢れた〝ジャニーさんの肖像画〟が飾られていたのです」（人気放送作家）

縦2メートル27センチ、横1メートル62センチの肖像画。
これまでの大野作品にはなかった、本人説明によるところの――

『いろいろな色を入れてポップに描き上げる手法』

――にチャンレンジし、試行錯誤を重ねた末に、

『10数色入れたらいきなり〝見え〟て。
そこからは楽しくなった』

――と、1週間ほどで完成させたことを明かしたのだ。

「3回目の作品展は過去の作品からおよそ40点の絵画、およそ130点の立体作品、およそ10点の写真を並べ、新作は極細ペンの繊細なタッチで極限まで描ききった〝巨大細密画〟や、嵐の58枚目のシングル『カイト』のジャケット描き下ろし作品など、20点以上が展示されています。しかし正直なところ、前回の作品展は2015年に上海で開催された『FREESTYLE in Shanghai 2015 楽在其中』、東京と大阪で開催された『FREESTYLE Ⅱ』ですから、彼は丸5年で20点ほどの新作しか作れていないのです。それでも作品展を行ったところに、〝嵐の大野智〟としての総決算の意味合いを感じざるを得ません」（同人気放送作家）

注目のジャニー喜多川さんの肖像画について、大野自身は——

『正直、ずっと見てても飽きないんだよ。
ジャニーさんに見て欲しかったなあ〜』

——と、想いを馳せている。

『3回目の作品展をやることが決まった時、
どうしても自分の中に〝ちゃんと想いがあるものを描きたい〟気持ちが強くなって、
メンバーや周りのスタッフたち、プライベートの友だちにも――
「ジャニーさんを描いてみたら?」
――って勧められたんです。
それまで社長(※ジャニー氏)を描くなんて発想は俺の中にはなかったし、
実際に社長をどう描けばいいのかイメージも湧かなかったけど、
改めて自分の25年以上のジャニーズ生活の中で、
「何に対して一番想いがあるのか」を問いかけたら、
それは「一番は社長、ジャニーさんしかいない」――ってなりますよね?
そりゃあ(笑)』〈大野智〉

そして1週間で描き上げた、ジャニー喜多川氏の巨大肖像画。

後々、ジャニーズ事務所本社に飾られるこの肖像画に、大野智はすべての想いを込める。

嵐としての21年間、最高の仲間と最高の時間を過ごせたからこそ、満足がいく作品が完成した。

だからこそ彼は〝なかなか見ることが出来ない晴れやかで清々しい笑顔をたたえながら〟取材にあたる関係者に相対していたのだ。

「残りのメンバー4人に肖像画を見てもらった時、大野くんは『**きっと爆笑されると思った**』――そうですが、4人はただ黙ったまま、それぞれがジャニーさんとの時間、嵐としての時間を心の中で辿っていたといいます。彼らがどんな心境だったのかは、言葉よりも沈黙が語ってくれたのです」（前出人気放送作家）

作品展は東京・六本木ヒルズの展望台〝東京シティビュー〟にて、9月9日から10月4日までの第1期（10時〜22時）、10月5日から11月8日までの第2期（9時〜22時）で行われる。

エントランスにある2作品のみ、通常作品展では禁止されている写真撮影が可能なのも、ファンに贈る〝最後のプレゼント〟のつもりかもしれない。

いずれにしても、この作品展が終わると、活動休止まで残り53日。

カウントダウンが始まるといってもいいだろう。

それでも我々は頑なに信じる。
嵐は〝解散〟ではなく〝活動休止〟。
また必ず5人と会える日が来ることを――。

〔著者プロフィール〕
矢吹たかを（やぶき・たかを）

学生時代から大手テレビ番組制作会社でアルバイトを始め、数々のバラエティ番組で10年間のキャリアを積んで独立。現在はフリーのディレクター、放送作家として幅広く活躍中。その人脈は若さに似つかわしくないほど広く、直接連絡を取れるテレビ、芸能関係者は優に200人を超えるほど。ジャニーズアイドルとの交流も含め、芸能界、業界に精通している。
本書では、彼の持つネットワークを通して、嵐と交流のある現場スタッフを中心に取材を敢行。メンバーが語った"言葉"と、周辺スタッフから見た彼らの"素顔"を紹介している。
主な著者に『嵐 ―未来への希望―』『嵐 ～5人の今、そして未来～』（太陽出版）がある。

ARASHI
ファイナルステージ ―5×嵐―

2020年11月3日　第1刷発行

著　者…………… 矢吹たかを
発行者…………… 籠宮啓輔
発行所…………… 太陽出版
東京都文京区本郷4－1－14　〒113-0033
電話03-3814-0471／FAX03-3814-2366
http://www.taiyoshuppan.net/

デザイン・装丁… 宮島和幸（ケイエム・ファクトリー）
印刷・製本……… 株式会社シナノパブリッシングプレス

ISBN978-4-86723-010-7

ARASHI
5x嵐
Final Stage

◆ 既刊紹介 ◆

嵐 ARASHI
未来への希望

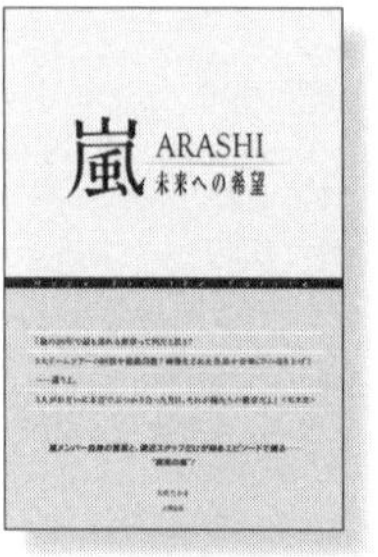

矢吹たかを［著］　¥1,400円+税

『嵐の 20 年で最も誇れる勲章って何だと思う？
5大ドームツアーの回数や総動員数？
映像化された作品や音楽 CD の売り上げ？
……違うよ。
5人がお互いに本音でぶつかり合った月日、
それが俺たちの勲章だよ』〈松本潤〉

嵐メンバー自身の言葉と、
側近スタッフだけが知るエピソードで綴る――“真実の嵐”！
テレビ等のメディアが伝えない“嵐の今、そして、これからの嵐”を独占公開!!

【主な収録エピソード】

- **嵐活動休止後に始まる大野智の“第二の人生”**
- **“ユーチューバー大野智”誕生の可能性**
- **櫻井翔“ナンバーワンキャスター”への道**
- **櫻井翔を取り巻く“恋愛事情”**
- **相葉雅紀の胸に染みる“志村けんさんからの教え”**
- **二宮和也が抱える“2つの爆弾”**
- **松本潤が切り開く“アイドル”を超えた新たな道**
- **松本潤が悩める平野紫耀にかけた言葉**

『本書は様々な憶測や希望的観測が飛び交う嵐の周辺、テレビ界の中枢から、
情報を収集し、ポジティブながらも中立の立場から、
エピソードや彼らのメッセージを発信するものだ。
皆さんがご覧になり、何を感じるかはそれぞれで違うだろう。
しかし一つだけお約束することは、皆さんは本書を通し、
改めて嵐のメンバーがいかに懸命に“ファン本位”で日々の仕事に取り組んでいるか、
その姿を心に刻むことが出来るということだ。
嵐は常に皆さんの、ファンの側に立っているのだから――。』〈プロローグより〉

◆ 既刊紹介 ◆

嵐 ～5人の今、そして未来～

矢吹たかを［著］ ¥1,400円+税

『僕らで出した答え――

「後悔しないように、真っ直ぐ前に進んで行こう」

応援してくれるみんなのために。

メンバー一人一人が愛している嵐のために』〈相葉雅紀〉

彼らの“今”、そして“未来”を、
嵐メンバー自身の言葉と、
側近スタッフだけが知るエピソードで綴る！
５人の絆、後輩に託す希望、活動休止までの使命、
2021年からの5人の動向――
“嵐の真実”を完全収録!!

【主な収録エピソード】

- **“嵐の大野智”として――大野が語った本音**
- **“キャスター櫻井翔”を目覚めさせた相葉雅紀の言葉**
- **“活動休止に向けて”――相葉の想い、嵐の想い**
- **“役者・二宮和也”が持ち続ける向上心**
- **松本潤が認める“若きライバル”**
- **新たなる“嵐の聖地”**

ARASHI　嵐×5
～5人で嵐、5人は嵐～

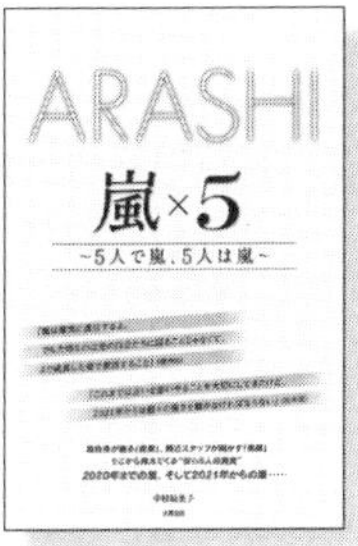

中村結美子［著］ ¥1,300円+税

『嵐は確実に復活するよ。
でも大切なのは元の自分たちに戻ることじゃなくて、
より成長した姿で復活すること』〈櫻井翔〉

嵐自身が語る「言葉」、側近スタッフが明かす「素顔」
そこから見えてくる“彼ら5人の真実”
2020年までの嵐、そして2021年からの嵐――

◆既刊紹介◆

嵐 ARASHI Chronicle 1999→2009

スタッフ嵐［編］ ￥1,400円+税

デビュー当時の“お宝エピソード”
“知られざるエピソード”で振り返る「嵐ヒストリー」
側近スタッフだけが知る貴重な5人の素顔を多数収録!
——“あの頃の嵐”が超満載!!

1999 **『嵐』5人の誓い** ～『デビュー発表イベント』エピソード～
2000 **大野クン感激の涙!** ～『嵐』結成1周年エピソード～
2001 **RADIOSTAR相葉クンの極秘特訓** ～相葉クン、初ラジオパーソナリティ番組エピソード～
2002 **『嵐』はジャニーズの“イジメられ系”** ～『Cの嵐!』番組エピソード～
2003 **松本潤&仲間由紀恵“熱愛報道”の真相** ～『ごくせん』エピソード～
2004 **これで俺も『志村軍団』入りだ!** ～『天才!志村どうぶつ園』番組エピソード～
2005 **“松潤チェック”に亀梨金田一もKO?** ～『金田一少年の事件簿』舞台ウラエピソード～
2006 **“『嵐』解散の危機”に、リーダー立つ!** ～『木更津キャッツアイ』舞台ウラエピソード～
2007 **『華麗なる毒入りプリン』に気をつけろ!** ～『花より男子2』撮影エピソード～
2008 **『ザッツ・NINOMIYA・エンターテインメント』!** ～嵐初『5大ドームツアー』舞台ウラエピソード～
2009 **“ジャニーズイチ仲が良いユニット”にライバル出現!!** ～“嵐デビュー10周年”エピソード～

嵐 ARASHI Chronicle 2010→2020

スタッフ嵐［編］ ￥1,400円+税

2010年から2020年まで——
当時の“お宝エピソード”や“知られざるエピソード”
嵐5人のフレーズで振り返る「嵐ヒストリー」

2010 **相葉クン、目指すは超一流!** ～『嵐にしやがれ』舞台ウラエピソード～
2012 **嵐デビューに隠されていた“13年目の真実”** ～『嵐にしやがれ』オフオフエピソード～
2014 **15周年コンサートに懸ける嵐メンバーのアツい想い** ～ハワイコンサートエピソード～
2016 **“SMAP解散”で嵐が背負う責任と期待** ～SMAP解散エピソード～
2018 **『花晴れ』でキンプリ平野クンへ贈ったメッセージ** ～『花のち晴れ～花男Next Season～』エピソード～
2020 **“嵐20年間”を振り返った松本クンの心境** ～”嵐デビュー20周年“エピソード～